Institut für
Sozialökologie

ISÖ-Text 2020-2

AF237536

So macht man Teilhabe

Abschlussbericht der Evaluation

Michael Opielka und Magdalena Wißkirchen

Unter Mitarbeit von Philipp Herbrich, Timo Hutflesz und Sophie Peter

ISÖ – Institut für Sozialökologie gemeinnützige GmbH
ISÖ – Institute for Social Ecology non-profit company

Bibliographische Information der Deutschen Nationalbibliothek:

Die Deutsche Nationalbibliothek verzeichnet diese Publikation in der Deutschen Nationalbibliographie; detaillierte bibliographische Daten sind im Internet unter http://dnb.dnb.de abrufbar.

Herstellung und Verlag:

BoD – Books on Demand, Norderstedt

ISBN: 978-3-75194-912-5

ISÖ-Text 2020-2

So macht man Teilhabe

Abschlussbericht der Evaluation

Michael Opielka und Magdalena Wißkirchen

Unter Mitarbeit von Philipp Herbrich, Timo Hutflesz und Sophie Peter

Siegburg, Mai 2020

Gefördert durch die

ISÖ - Institut für Sozialökologie gemeinnützige GmbH

Ringstraße 8, 53721 Siegburg

Tel.: +49 (0) 2241 1457073, Fax: +49 (0) 2241 1457039, E-Mail: info@isoe.org, Web: www.isoe.org

Coverabbildung: ISÖ

Die Evaluation des Projekts „Wie macht man Teilhabe? – Inklusion durch Umbau der Angebote gemeinsam verwirklichen" der LIGA der freien Wohlfahrtspflege in Thüringen e.V. wird durch die AKTION MENSCH Stiftung gefördert.

Weitere Informationen zur Evaluation finden Sie im Internet unter: https://www.isoe.org/projekte/

Inhalt

Abbildungsverzeichnis

Policy Brief

Die Evaluation des von der Aktion Mensch Stiftung geförderten Projekts „Wie macht man Teilhabe? - Inklusion durch Umbau der Angebote gemeinsam verwirklichen" der LIGA der Freien Wohlfahrtspflege in Thüringen erfolgte durch das ISÖ – Institut für Sozialökologie gGmbH. Das Projekt sollte die Ambulantisierung und personenzentrierte Ausrichtung der Eingliederungshilfe nach dem neuen Bundesteilhabegesetz (BTHG) unter Beteiligung der Menschen mit Beeinträchtigung für Menschen mit Beeinträchtigung erproben.

Die Evaluation zeigt eine gemischte Entwicklung. Erfolge des Projekts sind erkennbar. Wenn man sich die Wirkungsanalyse des **Inputs** betrachtet, geht es dabei um die Ressourcen, sei es finanziell, personell oder strukturell, die in das Projekt von Beginn an investiert wurden. Die Ressourcenbeteiligung durch die Aktion Mensch Stiftung und das Engagement der LIGA können als sehr positiv bewertet werden. Problematisch erscheint jedoch die Vorstellung der LeistungsträgerInnen auf allen Ebenen, den Ambulantisierungsprozess budgetneutral durchführen zu können. Es fehlten überall Mittel zur Deckung der Transaktionskosten. Gesteigerte Teilhabe ist möglich, sie erfordert aber Ressourcen und Kontinuität und eine Bereitschaft dazu im Leistungsdreieck der Eingliederungshilfe.

Die Ergebnisse der Evaluation des **Projektprozesses** können als durchwachsen beschrieben werden. Die Partizipation der primären Zielgruppe der Evaluation, der Menschen mit Beeinträchtigung, wird als positiv bewertet. Sie wurden eingebunden und es entstanden neue Mitgestaltungsmöglichkeiten. Dies drückt sich auch in der positiven Bewertung der Menschen mit Beeinträchtigung aus, die am Projekt teilnahmen. Die Flexibilität bei der Wohnungsauswahl war gegeben, allerdings konnte dieser Erfolg nicht im Lebensbereich Arbeit wiederholt werden. Gründe dafür sind der zunehmend gespaltene allgemeine Arbeitsmarkt und die dominante Rolle der Werkstätten für behinderte Menschen (WfbM). Auch bei der Gestaltung von individuellen Freizeitangeboten besteht Verbesserungspotential. Somit kann gesagt werden, dass die primäre Zielgruppe aktiv am Prozess beteiligt war, auch wenn es in den einzelnen Lebensbereichen große Unterschiede gab und gibt. Auch andere Akteure wurden aktiv in den Prozess durch unterschiedliche Veranstaltungen, wie etwa die Fach-/Infotage, und Infobriefe eingebunden.

Solch komplexe Transformationsprozesse durch Angebote des Sozialmanagements zu begleiten ist erfolgreich und sinnhaft. Empowerment wirkt, dadurch entsteht natürlich

ISÖ
Institut für
Sozialökologie

auch ein Klima von Teilhabebedürfnissen und -wünschen. Die Projektbeteiligten stellen sich verständlicherweise die Frage: Wie wird verstetigt, was erfolgreich war?

Nach dem Projektprozess liegt der Fokus der Evaluation auf dem Output, also direkte Produkte und Gewinne aus dem Projekt, und dem Outcome und Wirkung im breiten sozialpolitischen und gesellschaftlichen Raum. Die Erfolge in den Lebensbereichen Arbeit, Freizeit und Wohnen der Menschen mit Beeinträchtigung fallen unterschiedlich aus und werden daher einzeln bewertet.

Lebensbereich Arbeit. Die Menschen mit Beeinträchtigung wurden verstärkt über ihre Arbeitsmöglichkeiten aufgeklärt. Durch den vom Projekt gesetzten Fokus auf die Personenzentrierung werden auch die Interessen der KlientInnen im Bereich Arbeit wahrgenommen. Der Erfolg dieser Maßnahmen kann nur langfristig evaluiert werden. Ziel muss sein, dass alle ArbeitgeberInnen als potentielle ArbeitgeberInnen von Menschen mit Beeinträchtigung gesehen werden. Der Lebensbereich Arbeit scheint im Projekt wenig Beachtung gefunden zu haben.

Lebensbereich Wohnen. Im Gegensatz zum Lebensbereich Arbeit hat hier eine erhebliche Veränderung stattgefunden. Die vorher stationären Einrichtungen wurden ambulantisiert. Die Ausgestaltung dieser Veränderung ist bei den Modellträgern unterschiedlich ausgefallen. Eine starke Veränderung ist im Hinblick auf die Selbstverwaltung des eigenen Wohnraums festzustellen, die MieterInnen sind nicht mehr verpflichtet, Zutritt zu den eigenen Räumlichkeiten zu gewähren und BetreuerInnen müssen sich anmelden. Insbesondere die freie und selbstbestimmte Wohnungswahl der Menschen mit Beeinträchtigung aus ehemals stationären Einrichtungen leidet unter gesellschaftlichen Vorverurteilungen, sie werden oft nicht als MieterInnen gewählt. Zudem wurde ihre Suche durch die geringen finanziellen Mittel beschränkt, die ihnen hierfür zur Verfügung stehen, weshalb eine Verdrängung in städtische Randmilieus zu befürchten ist. Durch die qualitative Projektprozessbegleitung wurde deutlich, dass Menschen mit Beeinträchtigung, insbesondere zu Beginn des Projekts, über begrenzte Kommunikationsmittel verfügen (nicht durchgängig Besitz eines mobilen Endgeräts, keine E-Mail-Adresse) und daher eine neue Form der Kommunikation gefunden werden muss. Diese Veränderungen machen deutlich, dass insbesondere ein neues Verhältnis zwischen BetreuerIn und Mensch mit Beeinträchtigung - aber eben auch zwischen Gesellschaft und Menschen mit Beeinträchtigung - gefordert ist. Dies birgt neue Herausforderungen für die MitarbeiterInnen der Einrichtungen und erfordert Haltungsveränderungen im Arbeitskontext sowie im Sozialraum.

Lebensbereich Freizeit. Dieser Bereich war bereits vor Projektbeginn deutlich individueller gestaltbar als die beiden anderen Lebensbereiche. Die Freizeitgestaltung orientierte sich dennoch häufig an den Angeboten der Träger. Die Evaluation konnte zeigen, dass die Freizeitangebote in den Einrichtungen durch den Ambulantisierungsprozess zunächst stagnierten, zum Projektende aber wieder verstärkt wurden. Dabei handelt es sich um Angebote in der Trägerlandschaft selbst, allerdings hat sich die Anzahl an Freizeitangebote im direkten Sozialraum im Projektverlauf nicht verändert. Drei Trendentwicklungen sind zu beobachten: (1) neue Eigenverantwortlichkeit über finanzielle Ressourcen durch die Personenzentrierung; (2) die Bewusstseinssteigerung über Knappheit finanzieller Ressourcen bei Menschen mit Beeinträchtigung; (3) nur geringfügige Erweiterung der Freizeitangebote im Sozialraum. Hier sollte dringend eine ganzheitliche Perspektive auf das direkte Umfeld der Menschen mit Beeinträchtigung eingenommen werden, um mehr personenzentrierte Freizeitgestaltung zu ermöglichen (z.B. Ausflüge, Urlaub, Mitgliedschaft in einem Verein).

Es wurde offensichtlich, dass sich Menschen mit Beeinträchtigung im Projekt auf Grund ihrer finanziellen Situation davon abgehalten fühlen, die Dinge zu tun, die sie sich wünschen. Finanzielle Barrieren können anderen Barrieren zur gesellschaftlichen Teilhabe vorgeschaltet sein. Selbstbestimmte Teilhabe erfordert sowohl auf individueller Ebene als auch auf der Ebene der Leistungserbringer ausreichende personelle Mittel. Beides ist bisher nicht in ausreichendem Maße gegeben.

Zur gelingenden Teilhabe bedarf es zudem nicht nur gesellschaftliche, räumliche und rechtliche Rahmenbedingungen, sondern auch individuelle. Menschen mit Beeinträchtigung müssen zur Teilhabe befähigt werden, damit sie für ihre eigenen Belange eintreten und den Prozess aktiv gestalten können. Diese Voraussetzung zu schaffen bedarf mehr Zeit und auch mehr personelle Ressourcen. Insbesondere vor dem Hintergrund der individuellen Fachleistung, die die Finanzierungsspielräume der Leistungserbringer stark einschränkt und solchen Prozessen kaum Raum bieten kann, müssen hier zusätzliche Maßnahmen ergriffen werden um Teilhabe dauerhaft und selbstbestimmt zu garantieren. Dabei stellen die unterschiedlichen Voraussetzungen einen Drahtseilakt dar. Zum einen muss das Recht auf Beteiligung vermittelt, zum anderen will der Beteiligungswunsch vorhanden und gepflegt sein. Advokatorisches Handeln der Fachkräfte ist unerlässlich und bedarf zugleich der Selbstbegrenzung.

Die Anforderungen der Einrichtungen an die Äußerung von Wünschen und Bedürfnissen der Menschen mit Beeinträchtigung zur Umsetzung und Orientierung der personenzentrierten Komplexleistung treffen teilweise auf Personen, deren Fähigkeit zur Äußerung selbstbestimmter Wünsche nicht besonders ausgeprägt ist. Diese Kluft birgt Konfliktpotenzial und gefährdet personenzentrierte Teilhabe. Die Einrichtungen fühlen sich von unterschiedlichen Akteuren im Sozialsystem nicht ausreichend unterstützt und haben beispielsweise auf Grund der neuen Wohn- und Mietsituation der Menschen mit Beeinträchtigung Angst um ihre Gemeinnützigkeit, da sie explizit als Vermieter auftreten, nun zwischen Betreuungsverträgen und Mietverträgen unterschieden werden muss und somit die Vermietung als Vermögensverwaltung angesehen wird, was gegebenenfalls von den Finanzämtern als nicht gemeinnützig betrachtet wird.

Es ist insgesamt festzustellen, dass der Projektfokus auf die Einrichtungen es zwar ermöglicht, diese intern personenzentrierter zu gestalten und auch die Teilhabebereitschaft der Menschen mit Beeinträchtigung zu erhöhen. Interne Personenzentrierung und Projektorientierung reichen jedoch nicht aus, um eine inklusive Gesellschaft zu schaffen. Wir empfehlen hierfür Projekte und Ressourcen, die sich nicht nur an Anbieter und Dienste der Eingliederungshilfe richten, sondern verstärkt auch an alle anderen gesellschaftlichen Akteure (z.B. Vereine, städtische Einrichtungen, Arbeitgeber). Das Projekt zeigt, dass eine Veränderung der Trägerlandschaft erfolgt. Dies kann jedoch nur der Anfang des Transformationsprozesses sein. Weitere Schritte erfordern eine ganzheitliche Personenzentrierung in allen Lebensbereichen, das heißt die Integration und Ausweitung auf externe sozialräumliche und gesellschaftliche Akteure sowie vielfältige Anreize, um diese Akteure zur Kooperation zu motivieren. Teilhabe braucht mehr Ressourcen, Zeit und Geld.

ISÖ
Institut für
Sozialökologie

1 Einleitung

Während wir, das Forschungsteam, den vorliegenden Abschlussbericht der Evaluation des Projekts „Wie macht man Teilhabe? - Inklusion durch Umbau der Angebote gemeinsam verwirklichen" verfassen, wütet in Deutschland und der Welt die Corona-Krise. Diese Virus-erkrankung trifft vor allem Menschen mit Vorerkrankungen, damit die Älteren, aber in einem besonderen und öffentlich bislang kaum sichtbaren Maß Menschen mit Beeinträchtigung. Inklusion durch Ambulantisierung soll ihren Alltag im Alltag der Gesellschaft soweit gleich stellen wie möglich. Gelungene Gleichstellung würde zeigen, dass die Gesellschaft behindert, auch Beeinträchtigung zumindest teilweise ein soziales Konstrukt ist. Es ist noch zu früh, das Großexperiment Inklusion und das aktuelle Extremexperiment Inklusion unter Coronabedingungen zu bewerten. Doch das Projekt, um das es hier in diesem Bericht geht, hat in den drei Jahren seiner Existenz wichtige Erkenntnisse erbracht, genau dafür wurde es durch die Aktion Mensch Stiftung gefördert.

„So macht man Teilhabe"- der Titel dieses Abschlussberichts ist nicht ohne Hintersinn und Ironie zu lesen. Auf das fragende „Wie" des Projekttitels folgt nicht widerspruchsfrei und erfolgsberauscht ein „So". Forschung und Evaluationsforschung im Besonderen stehen im Kontext. Teilhabe von Menschen mit Beeinträchtigung beginnt mit Selbstverständlichkeiten für Menschen ohne Beeinträchtigung. In der Arbeitshilfe, die vom LIGA-Projektbüro als ein Projektergebnis erstellt wird, findet sich ein bemerkenswerter Gesprächsausschnitt:

> Stefanie: Wie fühlt sich das an, in ner eigenen Wohnung zu wohnen?
>
> Chrissi: Schön. Ruhiger.
>
> Uwe: Einwandfrei.
>
> Michael: Wir können nen Freund mit hochnehmen.
>
> Chrissi: Das mussteste vorher anmelden.
>
> Uwe: Mussteste alles anmelden.
>
> [...]
>
> Uwe: Jeden Besuch mussteste anmelden.
>
> Chrissi: Das ist jetzt nicht mehr.
>
> Uwe: Das hat sich auch zum Positiven geändert. Also es hat sich schon sehr viel zum Positiven geändert.

Dieses Zitat aus der Arbeitshilfe[1] zeigt, wie „rückständig" die Freiheitsmöglichkeiten, die Lebensgestaltung von Menschen mit Beeinträchtigung noch immer sind, wie sehr Selbstbestimmung in der eigenen Lebenswelt und ein Rückzugsort fehlten. Die kleinen Schritte, die Menschen im Normalprogramm für trivial halten, bedeuten in der Eingliederungshilfe sehr viel. Schutzpflicht wird häufig als Schutzmacht erlebt, die klassische sozialarbeiterische Spannung von Hilfe und Kontrolle erlebt in der Corona-Krise eine Zuspitzung.

Hauptziel des Projekts war es, Menschen mit Beeinträchtigungen Möglichkeiten zur individuellen Lebensgestaltung zu schaffen. In einem der ersten Experteninterviews des Projekts wurde die Frage gestellt: „Was haben wir getan, damit der Mensch aufgrund seiner Herkunft oder seiner Beeinträchtigung hier in Deutschland gut leben kann?". Diese allgemein gehaltene Frage zu Integration und Inklusion lenkt den Fokus nicht auf das „ob", sondern das „wie". Und genau darum dreht sich die Evaluation des Modellprojekts. Wie wurde Menschen mit Beeinträchtigungen eine neue, individuelle Lebensgestaltung ermöglicht? Was gibt es für Herausforderungen? Wo muss noch einmal näher hingeschaut werden? Was können andere Institutionen von diesen Erfahrungen lernen? Dies soll der vorliegende Abschlussbericht zur Evaluation des Projekts beantworten.

Eine Evaluation wirft noch einmal einen genaueren Blick auf die TeilnehmerInnen eines Projekts und deren Aufgaben innerhalb eines Projektprozesses. Im Prozess selbst ist eine Verzahnung zwischen Wissenschaft und Praxis notwendig, um eine nachhaltige Entwicklung erzielen zu können. Die Transformationsforschung unterteilt diesen in drei Schritte, sodass auch die Evaluation an Bedeutung gewinnt: Co-Design, Co-Produktion und Co-Evaluation (Wanner u.a. 2018). In der sozialen Dienstleistungsforschung sprechen wir von Koproduktion von Dienstleistungen. NutzerInnen und Fachkräfte können die gewünschte Wohlfahrtsleistung nur in einem gemeinsamen, koproduktiven Prozess erbringen (Hilse u.a. 2014). Die Aktion Mensch Stiftung förderte dieses Projekt zudem nicht nur, um in den Modellprojekten eine Wirkung zu erzielen, sondern um eine gesellschaftliche Wirkung zu generieren, die auf andere Gebiete übertragbar ist. Die Aktion Mensch Stiftung hat das

---

[1] Zum Zeitpunkt der Erstellung der vorliegenden Studie liegt die Arbeitshilfe erst im Entwurf vor. Sie gliedert sich wie folgt: Vorworte LIGA und Aktion Mensch Stiftung / 1. Projekt in kurzen Worten: Ziel / Aufbau / Einordnung in den Gesamtprozess ITP in Thüringen / Beteiligte / Konkretes Vorgehen bei der Ambulantisierung / 2. Schwerpunkte / Herausforderungen: a) Teilhabe - Teilhabe in Unternehmen / Teilhabe in Gremien / Teilhabe in der Gesellschaft, b) Personal- und Organisationsentwicklung, c) Sozialraum – Wohnraum / Kooperationspartner*innen im Sozialraum / Sozialraumanalyse, d) Kooperationen mit weiteren Leistungserbringern / 3. Arbeitshilfen – a) Teilhabe - Wie kann TH in Unternehmen gelingen? Wie kann Teilhabe im Sozialraum gelingen?, b) Personal- und Organisationsentwicklung, c) Checkliste zur Umwandlung / 4. Fazit / 5. Impressionen / 6. Glossar und Quellenverzeichnis

ISÖ
Institut für
Sozialökologie

Projekt gefördert, weil es versucht, einen Paradigmenwechsel von der Einrichtungsorientierung hin zu einer Personenorientierung für ein ganzes Bundesland zu bewirken.

Somit darf das Projektende nicht nach der Erhebung des Outputs (z.B. einer Arbeitshilfe) eintreten, der Blick sollte bestenfalls hin zu langfristigen Lernerfolgen und gesellschaftlicher Wirkung gelenkt werden. Dabei muss zwischen verschiedenen Typen der Evaluation unterschieden werden: Eine Evaluation kann vor Projektstart (ex-ante), über den Prozess hinweg und am Projektende (ex-post) durchgeführt werden (Stockmann 2000). Jeder Typ fokussiert sich hier unterschiedlich, letzterer zum Beispiel stark auf Kontrolle, die anderen beiden eher darauf, eine Entwicklung im Prozess zu fördern (Stockmann/Mayer 2013). Die Auswahl des Typus hängt jedoch auch mit der Ressourcenplanung des Projekts zusammen (Motivation, zeitliche und personelle Ressourcen usf.). Für unser Projekt kann folgende Übersicht helfen, die beteiligten Akteure in den Projektschritten einzuordnen und zu verstehen, welche Schritte und Akteure in die Evaluation integriert wurden und wer den Rahmen bestimmte.

Projektpartner	Aufgabe innerhalb des Projekts
Aktion Mensch Stiftung	Finanzielle Unterstützung des Projekts, indirekter Partner des Projekts (nicht aktiv an Schritten beteiligt)
LIGA-Projektbüro	Prozesskoordination, sozusagen der „Broker" im Netzwerk, der die Akteure miteinander verbindet
Modelleinrichtungen (Bodelschwingh-Hof Mechterstädt e.V., Christliche Jugenddorfwerk Deutschland e.V. in Erfurt, Lebenshilfe-Werk Weimar/Apolda e.V.)	Diese Einrichtungen sollen modellartig die Angebote umbauen. Sie ermöglichen den Zugang zu den zwei Zielgruppen der Evaluation: 1) Menschen mit psychischen, geistigen und/oder körperlichen Beeinträchtigungen 2) Unmittelbare Projektbeteiligte (Fachkräfte) und mittelbare Projektbeteiligte (Multiplikatoren)
Contec GmbH	Verzahnung von Teilhabe- und betriebswirtschaftlichen Prozessen im Projekt, aktive Begleitung der Erprobung von Modellen der Partizipation von Menschen mit Beeinträchtigung bei strukturellen Veränderungsprozessen
ISÖ – Institut für Sozialökologie gGmbH	Ist beauftragt, das Projekt prozessorientiert zu evaluieren.

Mit dieser Auflistung wird klar, dass die Evaluation zwar zwei Zielgruppen besonders im Blick hat (Menschen mit Beeinträchtigung, unmittelbare/mittelbare Projektbeteiligte), diese aber in einem Netzwerk aus Projektbeteiligten gesehen werden müssen. Darauf aufbauend wurde die Evaluation in vier Modulen durchgeführt:

Abbildung 1: Evaluationskonzept

Modul 1	Nutzerbefragung	Experteninterviews, Fachtagsbefragung & Veranstaltungsevaluation, Begehungsprotokolle, Face-to-Face Interviews
Modul 2	Multiplikatoren- und Fachkräftebefragung	Onlinebefragung in zwei Wellen
Modul 3	Textanalyse	Textanalytische Auswertung aller maschinenlesbaren Texte
Modul 4	Jährlicher Evaluations-workshop	Jährlicher Evaluationsworkshop, Zwischen- und Abschlussbericht

Quelle: Opielka/Wißkirchen 2019, S. 11

Die Evaluation des Projekts „Wie macht man Teilhabe? – Inklusion durch Umbau der Angebote gemeinsam verwirklichen" wurde durch eine Vielzahl von Personen ermöglicht und über gut drei Jahre begleitet. Wir danken vor allem Friedhelm Peiffer, dem Geschäftsführer der Aktion Mensch Stiftung. Ohne die Stiftung wäre das Projekt nicht möglich gewesen. Dankbar sind wir den Menschen mit Beeinträchtigung, die Teil dieses Prozesses sind und mit dem Evaluationsteam immer aufgeschlossen und interessiert kooperierten. Wir danken ferner Stefan Werner, dem Landesgeschäftsführer des Paritätischen Wohlfahrtsverbandes Thüringen, der das ISÖ als Evaluator umwarb, im Wissen darum, dass das Werben den nüchternen wissenschaftlichen Blick nicht beeinflusst. Weiterhin danken wir der LIGA der Freien Wohlfahrtspflege Thüringen und insbesondere den MitarbeiterInnen des LIGA-Projektbüros, Stefanie Streit und Hagen Mittelstädt, die engagiert und tapfer den Vernetzungsalltag organisierten, aber auch Renate Rupp vom Paritätischen Thüringen, die als „Fahrensfrau" der Eingliederungshilfe für Rat beiseite stand. Ihr haben wir auch für hilfreiche Kommentare zur Entwurfsfassung der vorliegenden Studie zu danken, ebenso Frau Sabine Wetzel-Kluge von der Diakonie Mitteldeutschland. Wir danken auch den MitarbeiterInnen in den Modelleinrichtungen, die mit uns in Kontakt getreten sind. Sehr dankbar sind wir auch allen TeilnehmerInnen an unseren zahlreichen Erhebungen, die uns nach

Kräften unterstützten und die Perspektive der Beeinträchtigten, der Angehörigen, der Multiplikatorinnen und der Fachkräfte zur Sprache brachten. Schließlich möchte ich mich als Leiter des ISÖ gemeinsam mit Magdalena Wißkirchen, die das zweite und dritte Projektjahr im Forschungsteam verantwortete, für die Unterstützung im ISÖ-Team bedanken: Sophie Peter, die das erste Projektjahr als Mitarbeiterin bestritt, hat Kapitel 2 vorgelegt, Timo Hutflesz Kapitel 3 und Philipp Herbrich Kapitel 4. Nichts kam aus dem Forschungsteam so heraus wie es hereinkam, das ist Kollaboration, Kooperation oder, mit dem Wort unseres Feldes, Koproduktion. Forschung ist ein Prozess, was heute gilt, ist morgen vielleicht durch besseres Wissen überholt. Betrachten Sie, liebe Leserin, lieber Leser, diesen Abschlussbericht als Beitrag zu einer Diskussion, die nicht nur durch und nach Corona die Gesellschaft in Atem halten wird. Wie macht man Teilhabe, wenn die Ausgangsbedingungen, die Chancen zur Teilhabe ungleich verteilt sind?

Siegburg, im Mai 2020

Prof. Dr. Michael Opielka

2 Evaluationskonzept

Die Evaluation eines Projekts kann, wie bereits im Vorwort angesprochen, zu verschiedenen Zeitabschnitten erfolgen. Man hat die Option, eine Evaluation in den Prozess zu integrieren, um diesen gegebenenfalls zu modifizieren, oder die Möglichkeit, sich Ziele zu Projektbeginn zu stecken und deren Erfolg am Ende zu bewerten (Stockmann 2000). Das Evaluationskonzept in diesem Projekt ist in den Prozess eingewoben, da es zur Entwicklung, Koproduktion, beitragen soll. Dies geht über eine Kontrollfunktion hinaus (Stockmann/Mayer 2013). Diese formative, d.h. an Prozessgestaltung interessierte Evaluation hat den Auftrag, das Projekt zu begleiten und in regelmäßigen Abständen Befragungen durchzuführen, um eine Verlaufsbeobachtung des Projekts zu erzielen. Voraussetzung dafür ist das regelmäßige Erheben von Daten auf Basis standardisierter Fragebögen. Somit sollen Herausforderungen und besonders gelungene Schritte hin zu mehr Teilhabe herausgearbeitet und wahrgenommen werden. Jedoch müssen diese Ambitionen auch im Hinblick der Projektumstände beleuchtet werden. Hierbei spielen die Motivation (z.B. in der Rückmeldung bei Umfragen), die Bereitstellung von Arbeitskräften, Material und gesetzliche Ressourcen und Mittel eine zentrale Rolle (Stockmann 2000). Die Arbeitskapazität für das hier präsentierte Evaluationsprojekt wurde mit sieben Tagen (Tagessätze) pro Jahr kalkuliert, was offensichtlich nicht ausreicht, um eine umfassende Evaluation durchzuführen. Somit muss der wissenschaftlich wertvolle Inhalt dieses Abschlussberichts entkoppelt von seinen vertraglichen Grundlagen betrachtet werden – zumal der tatsächliche Aufwand des ISÖ ein Mehrfaches über jenen Werten lag.

Im Folgenden sollen – ohne systematische Ordnung – einige zentrale Herausforderungen des Projekts diskutiert werden:

1. **Der Projektzeitpunkt.** Das Modellprojekt „Wie macht man Teilhabe? – Inklusion durch Umbau der Angebote gemeinsam verwirklichen" fiel genau in die Umbruchs-

phase zwischen der Thüringen-spezifischen Einführung eines Integrierten Teilha-beplans (ITP)[2] und den bis 2020 durchzuführenden Änderungen vor dem Hinter-grund des Bundesteilhabegesetzes (BTHG)[3]. Für die Evaluation und auch die ab-schließende Dokumentation der Projektergebnisse bedeutet dies eine erhebliche Herausforderung: Können die verschiedenen Entwicklungspfade von ITP, BTHG und des Modellprojekts der LIGA rückwirkend getrennt voneinander betrachtet wer-den, um herauszufinden wie fruchtbar das Projekt „Wie macht man Teilhabe?" tat-sächlich war? Oder kann nur eine verknüpfende Perspektive eingenommen wer-den? Während des Projekts wurde immer wieder deutlich, dass eine Trennung der Projektentwicklung von den Prozessen, die durch das BTHG, den ITP und zum Pro-jektende durch den Landesrahmenvertrag[4] angeregt und durchgeführt werden, in der Evaluation schwierig ist.

2. **Die Beteiligung in der Evaluation.** Die Grundlage einer jeden Evaluation muss es sein, alle Projektbeteiligten gleichermaßen und das bedeutet entsprechend dem Ausmaß, in dem sie durch dieses Projekt real berührt werden, auch an der Evalua-tion zu beteiligen. Die heterogenen AdressatInnen der Evaluation sind in diesem Projekt: Fachkräfte, politische Akteure, Menschen mit körperlichen Beeinträchti-gungen, Menschen mit geistigen Beeinträchtigungen, Menschen mit psychischen Beeinträchtigungen, Menschen mit mehreren Beeinträchtigungen, Angehörige und gesetzliche BetreuerInnen. Eine Unterscheidung zwischen den unterschiedlichen hauptberuflichen Akteuren (Fachkräfte, Assistenz, gesetzlicher Betreuer, Mitarbei-tende, Betreuer) und ihrer Rollen im Leben des Menschen mit Beeinträchtigung war bereits zu Beginn des Projekts schwierig. Im Verlauf des Projekts nahm diese Schwierigkeit zu, da sich die Rolle der Hauptberuflichen erwartungsgemäß wesent-lich verändern sollte.

3. **Verständnis des Projekts.** In der Zusammenarbeit mit Mitarbeitenden der Mo-delleinrichtungen ist Arbeit und Fortschritt des Projekts sicherlich erfahrbar. Die Evaluation des Modellprojekts hat es sich jedoch zur Aufgabe gemacht, die spür-baren Entwicklungen und Veränderungen im Leben der Menschen innerhalb der

---

[2] Weitere Informationen finden Sie unter https://www.tmasgff.de/soziales/menschen-mit-behinderungen/itp-downloads

[3] Weitere Informationen finden Sie unter https://umsetzungsbegleitung-bthg.de/gesetz/umsetzung-laender/bthg-thueringen/

[4] Weitere Informationen finden Sie unter https://www.tmasgff.de/fileadmin/user_upload/Soziales/Dateien/Men-schen_mit_Behinderungen/Landesrahmenvertrag_BTHG_2019.pdf

ISÖ
Institut für
Sozialökologie

Modellträger zu erfassen. Die Mehrheit der KlientInnen konnte jedoch in den Befragungen den Begriff „Projekt" sowie den Titel des Projekts nicht zuordnen. Eine Evaluation der Projektereignisse, -entwicklungsschritte und -bewertung wird dadurch erschwert. Wie kann etwas erfasst werden, für das es keinen Namen, keine Struktur, keine Bedeutung und auch keine Trennung von anderen Entwicklungen gibt? Wie kann so gemessen werden, was durch das Projekt verändert wurde? Diese Herausforderungen haben den Arbeitsprozess der Evaluation massiv beeinflusst.

4. **Barrierefreiheit.** Teilhabe ist die Abwesenheit von Barrieren (baulich, sprachlich, kommunikativ, strukturell) (BMAS 2013). Die bauliche Barrierefreiheit ist mittlerweile in der gesellschaftlichen Mitte angekommen. Die sprachliche und kommunikative Barrierefreiheit wird jedoch zumeist noch unterschätzt. Als ein möglichst barrierearmer Ansatz des weitgehendst für alle verständlichen Redens gilt die Leichte Sprache oder zumindest eine einfache Sprache. Ein auf Veranstaltungen notwendiger zweiter und individueller Ansatz ist das Bereitstellen besonderer Hilfe- und Unterstützungsleistungen zur Beförderung des individuellen Verständnisses und der Teilhabe an der Veranstaltung. Die dafür notwendigen strukturellen Veränderungen müssen auf verschiedenen Ebenen greifen: der individuellen Ebene, der Einrichtungsebene, der Mitarbeiterebene und der Ebene der Gesellschaft bzw. des Sozialraums. Eine personenzentrierte Ausrichtung in der Behindertenhilfe soll zunächst das Wissen und das Tun der Menschen mit Beeinträchtigung unterstützen und ermöglichen. Mit der verstärkten Orientierung an den Personen, ihren Wünschen und Vorstellungen geht auch eine verstärkte Informationspflicht und -aufklärung einher. Nur wer verschiedene Optionen kennt, kann auch zwischen diesen wählen. Die Realisierung des individuell Gewünschten ist, soweit nicht ohne Anpassung möglich, Aufgabe der Mitarbeitenden und im Zuge des Prozesses zu realisieren. Mit dieser Notwendigkeit geht eine doppelte Kränkungsgefahr einher, auf Seite der mitarbeitenden Person und/oder des Menschen mit Beeinträchtigung. Ein Ziel des Projekts war, das Vertrauen in die Entscheidung(sfähigkeit)en der Menschen mit Beeinträchtigung zu stärken. Teilhabe kann nur erreicht werden, wenn die Gesellschaft die Umsetzung der individuellen Vorstellungen ermöglicht, durch Empowerment, Wahlmöglichkeiten und Vertrauen. So bedeutet Teilhabe von Menschen mit Beeinträchtigung auch und insbesondere die Teilhabe am Prozess hin

zur Teilhabe. Prozessuale Teilhabe der Menschen mit Beeinträchtigung ist ein explizites Ziel des Projekts. Als Herausforderung gilt, die prozessuale Beteiligung der Menschen mit Beeinträchtigung auf allen Ebenen zu gewährleisten und zugleich eine angemessene advokatorische Ethik des stellvertretenden Handelns auf Seiten der Fachkräfte und derjenigen, die sich auch als Menschen mit Beeinträchtigung für Menschen mit Beeinträchtigung einsetzen, zu entwickeln.

5. **Autonomie vs. Belastung.** „Die Menschen mit Beeinträchtigung" gibt es nicht. Die (Unterstützungs-)Bedarfe und Kompetenzen sind vielfältig. Diese Vielfalt ist insbesondere in Erhebungen zu Lebenssituationen, Zufriedenheit, Wünschen oder Erfahrungen zu beachten. Die Bedarfe zur gelingenden Fragebogenausfüllung sind damit so vielfältig wie die Menschen, die sie ausfüllen. Zwar liegen bereits einige wissenschaftliche Studien zur Teilhabe von Menschen mit Beeinträchtigung vor, wie etwa die Infas Studie im Auftrag des Bundesministeriums für Arbeit und Soziales, doch stecken auch diese noch in den Kinderschuhen (Infas 2017, 2018). Unsere Methoden und Herangehensweisen werden im Kontext dieser Studien diskutiert. Allgemeines Ziel des Projekts ist es, die Unterstützungsleistungen für Menschen mit Beeinträchtigung stärker an den personengebundenen Bedarfen und den individuellen Interessen zu orientieren. Die Ambulantisierung der Einrichtungen geht mit dem Bestreben nach verstärkter Autonomie einher. Der Projektprozess hin zur Personenzentrierung fordert daher eine dauerhafte Begleitung und Schulung der Mitarbeitenden und gesetzlichen BetreuerInnen, ausreichende Information und Aufklärung der Angehörigen, allerdings keinen unbedingt erhöhten Einbezug der Angehörigen in die Alltagsgestaltung. Das Projekt „Wie macht man Teilhabe?" findet in einem Zeitraum statt, der durch den ITP sowie die Umsetzung des BTHGs bereits zu einer sehr hohen Belastung der Mitarbeitenden führt. Zwar waren Planung und Start des Projekts noch vor den BTHG-Entwicklungen angesetzt, doch wurde das Engagement der Mitarbeitenden für dieses Projekt insofern eingeschränkt, als die anderen Prozesse zunehmend mehr Zeit einforderten. Darunter litten auch die Terminvereinbarungen zwischen Evaluationsteam und Modelleinrichtungen.

6. **Autonomiefähigkeit.** Wie gehe ich mit Menschen um, die geistig nur begrenzt demokratiefähig erscheinen? Auch die Semantik „Behinderung" vs. „Beeinträchti-

gung" markiert diese Problemstellung. Diese Frage wurde in den letzten Jahren insbesondere für Kinder und Menschen mit Demenzerkrankungen nach und nach öffentlich diskutiert. Menschen mit Beeinträchtigung wurden hierbei bisher kaum bedacht (siehe die Entscheidung des BVerfG zum Wahlrecht Betreuter 2019[5]). Diese
Verzögerung liegt darin begründet, dass die Menschen mit Beeinträchtigung hierbei
über den geringsten strategischen Vorteil verfügen. Demenz kann jeden Menschen
im Laufe seines Lebens ereilen, auch Kind ist jede und jeder einmal. Kinderrechte
und Rechte von Demenzerkrankten sind daher potentiell für jeden Bürger relevant.
Sie betreffen in der Regel Menschen mit zwischenzeitlich partizipativen, „normalen"
Demokratiebiografien. Anders als bei einer Demenzerkrankung betrifft die geistige
Beeinträchtigung zumeist Menschen ihr gesamtes Leben. *Es fehlt der politische
Punkt, an dem sich Betroffene selbst verteidigen können.* Obgleich geistige Beeinträchtigungen in Folge von Unfällen oder Erkrankungen auch jeden ereilen können,
finden diese in der öffentlichen Debatte bisher kaum Raum. Die notwendige Hilfe
zur Wahrnehmung der eigenen Rechte bedarf daher advokatorischer Positionen
und Möglichkeiten. Wer ist jetzt der Advokat für diese Menschen? Sind es noch die
Einrichtungen und ihre Mitarbeitenden? Möglicherweise ist eine gesteigerte öffentliche Aufmerksamkeit für das Beeinträchtigt-Werden im Lebensverlauf, wie es bei
dem Problem der Demenz in den letzten Jahren geschah, auch ein Beitrag zur Autonomiefähigkeit anderer Gruppen von Menschen mit Beeinträchtigung. Eine gesellschaftliche Anerkennung der Prozesshaftigkeit von Beeinträchtigung würde die
Gesellschaft für Beeinträchtigungen und Behinderungen durch die Gesellschaft
sensibilisieren. Hierfür braucht es starke Beispiele und Advokaten.

7. **Messung von Wirkung.** Neben der Evaluation des Projektprozesses und möglicher
Adaptionen ist die Messung der Wirkung eine zentrale Herausforderung. Die Juris-
ten Florian Gerlach und Knut Hinrichs veröffentlichen im Oktober 2019 einen Artikel
über „Die Einführung von Instrumenten der Wirkungssteuerung durch das Bundesteilhabegesetz und ihre rechtlichen Implikationen" (Gerlach/Hinrichs 2019). Die Au-
toren können zeigen, dass die Rede von den Wirkungen und ihrer Aggregation in
einer Wirksamkeit ziemlich komplex ist. Sie stellen das Konzept der Wirksamkeit

---

[5] https://www.bundesverfassungsgericht.de/SharedDocs/Pressemitteilungen/DE/2019/bvg19-013.html

im BTHG vor: „Wann und unter welchen Voraussetzungen Leistungen der Eingliederungshilfe jedoch als ‚wirksam' zu qualifizieren sind und insbesondere nach welchen Kriterien der Wirksamkeit beurteilt werden soll, bleibt sowohl im Gesetz selbst auch in der Begründung zum Gesetzentwurf der Bundesregierung offen" (ebd., S. 413f.). Beispielsweise ordne der Thüringer Landesrahmenvertrag nach § 131 Abs. 1 SGB IX „die Wirksamkeit den Begriffen der Wirtschaftlichkeit und Qualität" unter (ebd., S. 414). Das Sozialleistungsrecht kann ebenfalls keine genaue Definition von „Teilhabe" liefern: „Die Antwort auf die Frage, was Teilhabe eigentlich sei, fällt höchst unterschiedlich aus und ist offensichtlich abhängig von der Interessenlage der Befragten. Versuche einer begrifflichen Klärung des Teilhabebegriffs bleiben oft in tautologischen Wendungen stecken (‚Teilhabe liegt vor, wenn der Mensch am Leben in der Gesellschaft teilhat')" (ebd., S. 415f.). Neben der juristischen Wirkungsanalyse beschäftigten sich die Sozialwissenschaften damit, wie man Output und Impact (Leistungen und Wirkungen) eines Projekts messen kann. Jedoch ist auch hier keine allgemeine Definition von Wirkung oder ein standardisiertes Verfahren zu finden. Ein Beispiel hier ist die Schrift „Wozu die Wirkung Sozialer Arbeit messen?" (Burmester/Wohlfahrt 2019). Ihr Fazit von Wirkungsmessung und -forschung ist im Grunde negativ: „Soziale Wirkungsmessung ist ‚angesagt' und das begründet sich in erster Linie aus der Unzufriedenheit mit dem gegebenen System der Finanzierung sozialer Leistungen. Dieses soll durch eine Ausrichtung auf messbare Wirkungen optimiert werden. Gleichzeitig wird die Botschaft vermittelt, dass der Sozialstaat nicht länger ein Reparaturbetrieb ökonomisch verursachter Problemlagen ist, sondern selbst als ökonomischer Akteur angesehen werden kann, der mit seinem Investment eine gesellschaftliche Rendite erzielt. Dabei ist und bleibt der Ruf nach sozialer Wirkungsmessung in dem Widerspruch befangen, dass die sozialen Problemlagen, auf die mittels sozialer Interventionen reagiert wird, von diesen nur bedingt beeinflusst werden können" (ebd., S. 58). Der Einwand liegt mehr als nahe, dass dies für außerordentlich viele Sachverhalte gilt, keineswegs nur für Interventionen der Sozialen Arbeit im weiteren Sinn. Dennoch kann es sinnvoll sein, diese Interventionen auf ihre Wirkungen zu untersuchen, so gut es eben geht und im Bewusstsein der Komplexität sozialer Probleme.

Um die Herausforderungen in den Kontext des Projekts zu setzen, lohnt es sich noch ein-mal auf das zu Projektbeginn formulierte Ziel[6] zu schauen: **„Das Projekt hat das primäre Ziel, Menschen mit Behinderungen ihre Wahlmöglichkeiten für eine individuelle Lebens-gestaltung aufzuzeigen. Durch konsequente Partizipation und Personenzentrierung sol-len sie gestärkt und befähigt werden, notwendige Veränderungsprozessen der Einglie-derungshilfe aktiv mitzugestalten. Operatives Ziel des Projekts ist es, klassische Ange-bote der bisher stationären und teilstationären Eingliederungshilfe gemeinsam mit Leis-tungsträgern, Leistungserbringern und weiteren Akteuren in personenzentrierte ambu-lante Angebote weiterzuentwickeln und diesen Prozess transparent darzustellen. Hierbei stehen Fragen der Konzept-, Organisations- und Personalentwicklung sowie der Ent-wicklung neuer Tätigkeitsfelder und Vergütungsstrukturen im Zentrum der Betrach-tung".**

Wie kann nun das „primäre Ziel, Menschen mit Behinderungen ihre Wahlmöglichkeiten für eine individuelle Lebensgestaltung aufzuzeigen" auf seine Wirksamkeit untersucht wer-den? Wie kann gemessen werden, ob es gelingt, „durch konsequente Partizipation und Per-sonenzentrierung" eine Stärkung und Befähigung der Menschen mit Beeinträchtigung zu erreichen, „notwendige Veränderungsprozessen der Eingliederungshilfe aktiv mitzugestal-ten"? Die Fragen zeigen, dass ein zentraler Fokus der Evaluierung des Projekts auf der Partizipation liegt. Elisabeth Wacker hat im Rahmen der Disability Studies unter Bezug auf die ökologische Sozialisationstheorie des Entwicklungspsychologen Urie Bronfenbrenner auf die Mehrdimensionalität von Teilhabe auf der Mikro-, Meso- und Makroebene verwie-sen: „Auf der Makroebene etwa Sozial- und Behindertenpolitiken im internationalen Ver-gleich, auf der Mesoebene die Inklusivität von Organisationen und auf der Mikroebene etwa Ansprüche und Wirklichkeit von Teilhabechancen und -erfahrungen in unterschiedli-chen Lebensbereichen" (Wacker 2019, S. 18). Für das Projekt wurden die Kriterien von Teilhabe und Partizipation in vier Dimensionen unterteilt, die mit Hilfe eines Bündels an Indikatoren gemessen werden können:

---

[6] Die Anträge und Programmschriften zum Projekt wurden sämtlich im Zwischenbericht dokumentiert (Opielka/Wißkirchen 2019).

1. Was sind die Kriterien von **Zufriedenheit** (a) in Bezug auf das jeweilige Dienstleistungssystem und (b) allgemeine Lebenszufriedenheit (i.V. mit der Annahme, dass diese durch die Institution und ihre Leistungen beeinflusst wird).
2. Was genau wird unter **Partizipation** verstanden? (a) Ein soziales Gefüge („Gemeinschaft"), in das man kommunikativ und materiell eingebunden ist, (b) gleichzeitig individuell und gemeinschaftlich.
3. Wer sind die **Auskunftspersonen** bzw. die **Akteure** (Stakeholder) der Evaluation? (a) Primär: Menschen mit Beeinträchtigungen, Angehörige, Betreuer; (b) Fachkräfte, Multiplikatoren, Politik.
4. Wie lässt sich das **Ziel** bzw. **Normativ** von Partizipation definieren: (a) siehe 1 bis 3: die Stakeholder selbst fragen und bewerten lassen, (b) gesellschaftliche (juristische, z.B. MRK, BRK) und wissenschaftliche Standards = „Mixed Normative" (Hoher Aufwand für Betreuungspersonen!).

2.1 Begriffserklärungen

Die bisher angestellten Überlegungen zu den Herausforderungen der Evaluation im Projekt müssen mit der Klärung von zentralen Begrifflichkeiten einhergehen. Daher widmet sich dieser Abschnitt den Definitionen, die von den Mitwirkenden im Projekt als maßgeblich betrachtet wurden.

Teilhabe

Zu diesem Thema wurde vom Projektbüro ein eigener Infotag organisiert. Als Ergebnis dieser Veranstaltung konnte keine allgemein akzeptierte Definition gefunden werden. Allerdings finden sich mehrere Definitionen in der Literatur, beispielsweise im Lexikon von REHADAT-talent*plus*: „Die Weltgesundheitsorganisation (WHO) definiert Teilhabe in der Internationalen Klassifikation der Funktionsfähigkeit, Behinderung und Gesundheit (ICF) aus dem Jahr 2001: ‚Teilhabe ist hier mit Fragen nach dem Zugang zu Lebensbereichen, der Daseinsentfaltung, dem selbstbestimmten Leben und der Chancengerechtigkeit verknüpft sowie mit Fragen der Lebenszufriedenheit, der erlebten gesundheitsbezogenen Lebensqualität und der erlebten Anerkennung und Wertschätzung in den Lebensbereichen, die für die betrachtete Person wichtig sind'. Das SGB IX kennzeichnet Teilhabe als ‚Paradigmen-wechsel' gegenüber dem ‚Konzept der Fürsorge und Versorgung'" (talentplus.de 2017). Im ICF werden die Begriffe Partizipation und Teilhabe nicht unterschieden: „Partizipation [Teil-habe] ist das Einbezogen sein einer Person in eine Lebenssituation" (DIMDI 2005, S. 95).

Beeinträchtigung/Behinderung

Als Definition findet man im Lexikon von REHADAT-talent*plus* wie folgt: „Menschen gelten im sozialrechtlichen Sinne als behindert (§ 2 Absatz 1 SGB IX), wenn ihre körperlichen oder geistigen Fähigkeiten oder ihre seelische Gesundheit nicht nur vorübergehend (das heißt länger als sechs Monate) von dem altersentsprechenden Zustand abweichen und daher ihre Teilhabe am Leben in der Gemeinschaft beeinträchtigt ist. Mit der stufenweisen Re-form des SGB IX durch das Bundesteilhabegesetz wurde der bislang gültige (sozialrecht-liche) Behinderungsbegriff erweitert und in Anlehnung an die UN-Behindertenrechtskon-vention (UN-BRK) und die hierzu ergangene Rechtsprechung angepasst. Ab dem 1. Januar 2018 gilt laut § 2 Absatz 1 SGB IX: ‚Menschen mit Behinderungen sind Menschen, die kör-perliche, seelische, geistige oder Sinnesbeeinträchtigungen haben, die sie in Wechselwir-kung mit einstellungs- und umweltbedingten Barrieren an der gleichberechtigten Teilhabe an der Gesellschaft mit hoher Wahrscheinlichkeit länger als sechs Monate hindern kön-nen. Eine Beeinträchtigung nach Satz 1 liegt vor, wenn der Körper- und Gesundheitszu-stand von dem für das Lebensalter typischen Zustand abweicht. Menschen sind von Be-hinderung bedroht, wenn eine Beeinträchtigung nach Satz 1 zu erwarten ist.' In der neuen sozialrechtlichen Definition von Behinderung werden ausdrücklich die Wechselwirkungen einer gesundheitlichen Beeinträchtigung mit materiellen oder sozialen Barrieren in der so-zialen Umgebung als ausschlaggebend für das Vorhandensein einer ‚Behinderung' heran-gezogen. Die gesetzlichen Definitionen von Schwerbehinderung und Gleichstellung ändern sich nicht. Für die Anerkennung bleiben weiterhin die Versorgungsverwaltungen und die Agenturen für Arbeit zuständig" (talentplus.de 2018). Das ICF fasst diese Gedanken im sogenannten bio-psycho-sozialen Modell zusammen (DIMDI 2005, S. 23). Es basiert auf der Sichtweise, dass der Zustand der funktionalen Gesundheit einer Person das Ergebnis der Wechselwirkung zwischen einer Person mit einem Gesundheitsproblem und ihren Kontextfaktoren (personenbezogene Faktoren und Umweltfaktoren) ist. Das Bundesteilhabe-gesetz und der ITP Thüringen bauen auf diesem Beeinträchtigungs- bzw. Behinderungs-begriff auf.

Der theoretisch interessierte Behinderungsbegriff der Disability Studies unterscheidet, folgt man Anne Waldschmidt, sechs verschiedene Modelle von Behinderung: (1) das indi-viduelle Modell von Behinderung[7], (2) das relationale Modell, (3) das Randgruppenmodell, (4) das soziale Modell[8], (5) das kulturelle Modell und das menschenrechtliche Modell von Behinderung. Ihr Resümee der Theorielandschaft „hinterlässt insgesamt einen zwiespälti-gen Eindruck: Einerseits trifft man auf Theorielosigkeit und Pragmatismus; andererseits gibt es Bemühungen um systematische Theorieentwicklung; dazwischen stehen oft allzu unbekümmerte Verknüpfungen von theoretischen Ansätzen, die als eklektizistisch charak-terisiert werden müssen." (Waldschmidt 2020, S. 71)

Personenzentrierung

Die Personenzentrierung des Bundesteilhabegesetzes (BTHG) wird vom Bundesministe-rium für Arbeit und Soziales wie folgt erläutert, liefert aber keine Definition: „Die Eingliede-rungshilfe wird durch das BTHG zu einem modernen Teilhaberecht weiterentwickelt und aus dem ‚Fürsorgesystem' der Sozialhilfe herausgeführt. Dem gewandelten Rollenver-ständnis von Menschen mit Behinderungen wird damit Rechnung getragen. Zu mehr Teil-habe gehört daher auch die Verbesserung der Einkommens- und Vermögensberücksichti-gung in der Eingliederungshilfe. Damit geben wir Menschen mit Behinderungen sowie ih-ren Ehe- oder Lebenspartnerinnen und -partnern mehr finanziellen Spielraum. Es soll nicht mehr über den Menschen mit Behinderungen, sondern mit ihm gemeinsam beraten und

---

[7] Waldschmidt identifiziert es im lange Zeit leitenden medizinischen Modell, meint es aber auch im strukturfunktionalistischen und rollentheoretischen Modell von Talcott Parsons sowie im interaktionstheoretischen Modell von Erving Goffmann zu fin-den. Sie ereifert sich über „Parsons' problematische Rollentheorie" (Waldschmidt 2020, S. 61) gelangt aber in der Parsons-Lektüre nicht über dessen Aufsatz *Definitions of Health and Illness in the Light of American Values and. Social Structure* aus dem Jahr 1958 hinaus. Seine systemtheoretische Weiterentwicklung (dazu Opielka 2006) ist ihr unbekannt.

[8] Hier soll die Zusammenfassung von Waldschmidt zitiert werden, da der Begriff „soziales Modell" insoweit irreführend ist als alle sechs Modelle soziale (soziologische) Modelle sind: „Erstens wird Behinderung als eine Form sozialer Ungleichheit be-griffen (...). Zweitens postuliert der Ansatz, dass Behinderung (disability) von der Beeinträchtigung (impairment) systema-tisch zu unterscheiden sei. Während es sich bei letzterer um eine klinisch relevante Auffälligkeit oder funktionale Einschrän-kung einer Person handle, sei Behinderung das Produkt sozialer Organisation und entstehe aufgrund einer Vielzahl an Barri-eren, welche verhindern, dass Menschen mit Beeinträchtigungen am Leben in der Gemeinschaft gleichberechtigt teilnehmen können. Drittens wird die Erwartung formuliert, dass sich nicht der einzelne, sondern die Gesellschaft in ihren Strukturen und Politiken ändern müsse." (Waldschmidt 2020, s. 65)

ISÖ
Institut für
Sozialökologie

gehandelt werden, um seine individuelle Lebensplanung und Selbstbestimmung zu unter-stützen. Die notwendige Unterstützung wird zukünftig nicht mehr an einer bestimmten Wohnform, sondern ausschließlich am notwendigen individuellen Bedarf ausgerichtet. Es wird nicht mehr zwischen ambulanten, teilstationären und stationären Maßnahmen der Eingliederungshilfe differenziert. Die Eingliederungshilfe konzentriert sich auf die Fachleis-tung. Die existenzsichernden Leistungen werden unabhängig von der Wohnform wie bei Menschen ohne Behinderungen nach den Vorschriften des Vierten Kapitels des SGB XII bzw. nach dem SGB II erbracht. Dies hat viele Vorteile:

- Die Selbstbestimmung und individuelle Lebensplanung der Menschen mit Behinde-rungen werden gestärkt.
- Die Menschen mit Behinderungen können, soweit es angemessen ist, selber ent-scheiden, wo sie wohnen.
- Die ‚Sonderwelten' der vollstationären Einrichtungen entfallen.
- Hinsichtlich der existenzsichernden Leistungen zum Lebensunterhalt erfolgt eine Gleichstellung mit Menschen ohne Behinderungen" (BMAS 2020).

Das BTHG liefert somit einige Hinweise, was der Gesetzgeber unter Personenzentrierung versteht. Da das BTHG Auslöser zukünftiger Umwandlungsprozesse ist, erscheint es sinn-voll, sich daran zu orientieren. Die v. Bodelschwinghsche Stiftungen Bethel (2019, S. 1f.) bezieht sich dabei auch auf das ICF und nennt Kernbereiche:

- Orientierung am Willen der leistungsberechtigten Person
- Bedarfsdeckende Leistungen in jeder Lebens- und Wohnsituation
- Hilfe wie aus einer Hand
- Transparenz und Beteiligung
- Vollständige Wahrnehmung der Person und Berücksichtigung ihrer Lebenslage

In der Projektskizze der LIGA Thüringen wurde der Begriff der Personenzentrierung nicht in Bezug auf das BTHG, sondern auf den ITP eingeführt und als Mittel zur Erreichung des obersten Zieles formuliert: „Das Projekt hat das primäre Ziel, Menschen mit Behinderun-gen in ihren Wahlmöglichkeiten für ihre persönliche Lebensgestaltung zu stärken. Durch konsequente Partizipation und Personenzentrierung sollen sie gestärkt und befähigt werden, notwendige Veränderungsprozessen der Eingliederungshilfe aktiv mitzugestalten" (O-pielka/Wißkirchen 2019, Anhang 1a, S. 1). Personenzentrierte Leistungen werden insbesondere seit der schrittweisen Einführung der Integrierten Teilhabeplanung (ITP) angestrebt. Der ITP als Instrument der Feststellung der Bedarfe von Menschen mit Beeinträchtigung bezieht diese als anspruchsberechtigte Personen direkter in ihre individuelle Hilfeplanung ein. Zudem hat sich das Projekt neben der „aktiven Beteiligung [...] auch in strukturellen Prozessen", als Ziel das Aufzeigen von „Praxisbeispiele[n] für die Umsetzung der Personenzentrierung innerhalb der Eingliederungshilfe" (ebd.) gesteckt. Für das Projekt waren folgende konzeptionelle Überlegungen zentral:

Integrierter Teilhabeplan (ITP) Das Thüringer Sozialministerium liefert eine Definition des ITP Thüringen: „Der Integrierte Teilhabeplan (kurz: ITP) bezeichnet ein Verfahren zur Feststellung von Hilfebedarfen von Menschen mit Behinderungen auf Grundlage persönlicher Zielsetzungen, Ressourcen und Beeinträchtigungen"[9].

Ambulantisierung beschreibt im Projektkontext einen Umwandlungsprozess klassisch gewachsener, stationärer und teilstationärer Eingliederungshilfestrukturen mit dem Ziel, einen vergleichbaren Grad an Unterstützung und Leistung im Sozialraum zu ermöglichen. Im Projektkontext ist die personenzentrierte Ausrichtung des Trägers und der Fachleistung ein Ziel des Umwandlungsprozesses.

2.1.1 Aktuelle Teilhabeforschung

Die Verabschiedung der UN-Behindertenrechtskonvention im Jahr 2008 verpflichtet Deutschland zur Teilhabeforschung: „Die Vertragsstaaten verpflichten sich zur Sammlung geeigneter Informationen, einschließlich statistischer Angaben und Forschungsdaten, die ihnen ermöglichen, politische Konzepte zur Durchführung dieses Übereinkommens auszuarbeiten und umzusetzen" (UN-BRK 2017, Art. 31 in Viohl u.a. 2018, S. 6f.). Die Teilhabeforschung ist eine Querschnittsdisziplin, in der „die Bedingungen für selbstbestimmte und gleichberechtigte Teilhabe in der Gesellschaft analysiert" werden (Brütt u.a. 2016, S. 3). Waldschmidt (2015) stellt fünf Prinzipen vor: (1) die Interdisziplinarität; (2) die Transdis-

---

9   Weitere Informationen hierzu finden Sie unter https://www.thueringen.de/mam/th7/tmsfg/soziales/infoblatt_1_-_allgemeines_zum_itp-verfahren.pdf

ziplinarität, (3) die intersektionale Orientierung („das heißt die Differenzkategorie Behinderung immer im Wechselwirkungsverhältnis mit anderen Differenzkategorien betrachten"), (4) die Berücksichtigung der Heterogenität der Zielgruppe, (5) sowie die internationale Orientierung (ebd. S. 686). Um das Forschungsfeld zu definieren ist die Bedeutung des Begriffs „Teilhabe" von zentraler Relevanz. Dieser wird von Waldschmidt auf der „strukturellen Ebene" sowie auf der „Ebene von Prozessen, Praktiken, zum Beispiel Handlungen, und vieles mehr" umrissen (ebd. S. 684). Dies hilft zu einer differenzierten Betrachtung in Verbindung mit „Partizipation". Das Aktionsbündnis „Teilhabeforschung", in dem das ISÖ Mitglied ist, hat zur partizipativen Teilhabeforschung eine Arbeitsgemeinschaft gegründet. Deren Diskussionspapier vom 15.5.2019 bezieht das SONI-Modell der Sozialraumorientierung mit ein, mit dessen Hilfe „Forschungsbedarfe auf der Ebene der Lebenswelt und auf der Systemebene" konkretisiert werden können (Abbildung 2).

Abbildung 2: SONI-Modell der Sozialraumorientierung

SONI-Modell der Sozialraumorientierung

Ebene des Systems:	Sozialstruktur Bezug: Kommunalpolitik	Organisation Bezug: Hilfesystem
Intervention als Steuerung des Hilfesystems und seiner Bedingung	**Aktivierung und Einmischung:** Erschließung politischer und ethischer Ressourcen statt Individualisierung sozialer Probleme	**Sozialräumliche Steuerung** Erschließung institutioneller Ressourcen: Flexibilisierung und Demokratisierung statt Standardisierung
Ebene der Lebenswelt:	Netzwerk Bezug: Gemeinwesen	Individuum Bezug: Fallarbeit
Intervention als Interaktion mit Adressaten und ihrer Umwelt	**Fallunspezifische Arbeit:** Erschließung sozialer Ressourcen: Feldbezug statt aussondernde Verengung auf den „Fall"	**Stärkemodell:** Erschließung individueller Ressourcen: Arbeit mit dem Willen statt Entwertung

Quelle: Früchtel/Budde 2010, S. 60

Damit bietet das Modell „vier Handlungsfelder an: Sozialstruktur, Organisation, Netzwerk und Individuum (abgekürzt durch das Akronym SONI), die in der praktischen Arbeit zum Methodenmix der Fallarbeit (I), fallunspezifischer Arbeit (N), Organisationsentwicklung (O) und kommunaler Sozialpolitik (S) kombiniert werden" (Früchtel/Budde 2010, S. 60). Im Fazit der Arbeitsgemeinschaft ‚Partizipative Teilhabeforschung' wird deutlich, dass sich für die partizipative Teilhabeforschung „institutionelle Hierarchiestrukturen dafür öffnen" müssen (Brütt u.a. 2016, S. 6).

Der Forschungsrahmen der Teilhabeforschung „nimmt vom Grundsatz her alle Menschen und gesellschaftlichen Akteure und Gruppen gleichermaßen in den Blick und nutzt je nach Zielgruppe, Fragestellung und Perspektive unterschiedliche Methoden und Instrumente zur Erforschung" (Hinz 2012, S. 9). Er konstatiert zweitens, dass „die Menschenrechte und die daraus abgeleiteten Übereinkommen (z.B. die UN-Behindertenrechtskonvention) [...] einen Anspruch auf globale Anerkennung und Übertragbarkeit [erheben]. Die Teilhabeforschung sollte entsprechend darauf ausgerichtet sein, in weltweit allen kulturellen und gesellschaftlichen Zusammenhängen mit vergleichenden Methoden zu forschen" (Hinz 2012, S. 9). Methodisch wird in der Teilhabeforschung somit auf einen Mix von qualitativen und quantitativen Methoden zurückgegriffen. Auch partizipative Ansätze finden Anwendung: „Mit ihnen sollen Menschen mit Beeinträchtigungen an wichtigen Entscheidungen im Forschungsprozess beteiligt werden" (Brütt u.a. 2016, S. 3). Darin zeichnet sich eine komplette Kehrtwende zu früheren Auffassungen ab. So kam eine Studie aus dem Jahr 1982 zu dem Ergebnis, „dass Menschen mit geistiger Behinderung zwar prinzipiell über ihre persönlichen Lebenssituationen berichten können, wissenschaftliche Vorgehensweisen wie die Fragebogenmethode oder Interviews jedoch für die Erhebung ungeeignet sind" (Moisl 2017, S. 321).

Sehr relevant erscheint der Vortrag von Elisabeth Wacker auf dem 1. Kongress der Teilhabeforschung im September 2019. Sie stellt Teilhabeforschung als Transformationsforschung vor, da beide einen gesellschaftlichen Bezug hätten: „Dieser werde durch die Lebenslagen- und Lebensweltorientierung ebenso wie partizipative Methoden und transdisziplinäre Zuschnitte deutlich" (Wacker 2020, S. 6). Beide haben, so Wacker, einen „Übersetzungs- und Verwandlungsauftrag". Sie kommt zum Fazit, dass es nicht genügt „den Blick [...] alleine auf die Menschen mit Behinderungen zu richten, sondern vor allem auf die sie behinderten Umstände" (ebd., S. 7). Wacker lenkt somit den Fokus der Evaluierung auf die Partizipation, was ebenfalls im Evaluationsprojekt Berücksichtigung durch die Aufteilung in vier Dimensionen der Wirkungsmessung auf Grundlage der ökologischen Sozialisationstheorie des Entwicklungspsychologen Urie Bronfenbrenner fand (Wacker 2019). Die Transdisziplinarität der Forschung ist hier besonders wichtig, da sie Praxis und Wissenschaft miteinander verbindet: „Teilhabeforschung, die sich auf den gesellschaftlichen Kontext bezieht, sollte nicht nur analytisch-deskriptiv verfahren, sondern auch Modelle und Ansätze hervorbringen, wie Gesellschaft teilhabe-freundlicher organisiert werden kann, zum Beispiel durch die Zusammenführung von Wohnen, Arbeit und Freizeit in nachhaltig ausgerichteten Gemeinwesen. Teilhabeforschung eröffnet somit eine neue Möglichkeit, Wissenschaft und Praxis miteinander zu verbinden, zum Wohl der betroffenen Menschen und der Gesellschaft im Allgemeinen" (CBP 2012, S. 34). Die partizipative Forschung versucht alle Meinungen abzugreifen und in einen Forschungsprozess auf unterschiedlichen Ebenen zu integrieren: „(1) die Formulierung von Forschungsbedarf, (2) die Projektplanung und Antragsstellung, (3) die Begutachtung und Förderentscheidung, (4) die verschiedenen Phasen der Projektdurchführung und (5) die Publikation und Umsetzung der Ergebnisse" (Farin-Glattacker u.a. 2014, S. 4).

2.2 Gesellschaftlicher und sozialwissenschaftlicher Diskurs

Für den Abschlussbericht einer wissenschaftlichen Evaluation interessiert insbesondere die Grenzzone und Überschneidung gesellschaftlicher und sozialwissenschaftlicher Diskurse. Die Teilhabe von Menschen mit. Beeinträchtigung wird hier daher nicht vor allem als juristisches oder ökonomisches, sondern als sozialwissenschaftliches Problem untersucht. Die entsprechenden Diskurse weisen weit zurück (auch Heinze/Runde 1982, Mürner/Sierck 2012). Sozialwissenschaftliche Untersuchungen, die die Auswirkungen politischer Programme untersuchen und insoweit zumindest grundsätzlich eine evaluative Orientierung aufweisen, sind jüngeren Datums. So kann Tanja Mühling in einer Studie zur beruflichen Integration von Schwerbehinderten auf der Grundlage von Daten des Mikrozensus und des SOEP (Sozio-ökonomisches Panel) feststellen: „Die vermutete schlechtere soziale Integration der Schwerbehinderten konnte dagegen nicht untermauert werden" (Mühling 2000, S. 220). Zwar wurde „statistisch ein eigenständiger beschäftigungshemmender Effekt der Schwerbehinderteneigenschaft ermittelt. Unklar bleibt, ob dieser aus der Diskriminierung durch Arbeitgeber oder aus objektiv verminderter Einsatzfähigkeit resultiert" (ebd.). Solche, fast durchweg bestätigten, Befunde legten nahe, was zum Gegenstand der Teilhabeforschung wurde, nämlich die Untersuchung der Wechselbeziehungen von externer (kollektiver) und interner (subjektiver) Beeinträchtigung. Zurecht kann Mühling auch Hoffnung machen: „Allerdings ist die Bereitschaft zu Neueinstellungen Schwerbehinderter bei Betrieben ausgeprägt, die bereits Erfahrungen mit gesundheitlich beeinträchtigten Mitarbeitern hatten" (ebd., S. 221). In der sozialpsychologischen Vorurteilsforschung wird dieses Phänomen mit der von Gordon Allport bereits 1954 entwickelten „Kontakthypothese" belegt, wonach Kontakte mit Vorurteilsadressaten zum Abbau von Vorurteilen unverzichtbar erscheinen. Womöglich basiert das Konzept von Inklusion und Teilhabe in seinem Gestaltungsoptimismus auf jener Kontakthypothese.

2.3   Zielgruppe der Evaluation

Die Evaluation des Modellprojekts „Wie macht man Teilhabe? - Inklusion durch Umbau der Angebote gemeinsam verwirklichen" orientiert sich in ihrer Struktur an zwei Zielgruppen, die im Folgenden erörtert werden. Hieran erkennt man, dass die Prinzipien der Teilhabeforschung schon bei der Integration der Beteiligten an der Evaluation eine wichtige Rolle spielen, denn nur so kann das Projektziel und dessen Umsetzung evaluiert und wissenschaftlich fundiert werden.

2.3.1 Primäre Zielgruppe

Als primäre Zielgruppe des Projekts gelten die Menschen mit psychischen, geistigen (Lernschwierigkeiten) und/oder körperlichen Beeinträchtigungen, die zu Beginn des Projekts in den vorrangig stationären Wohngruppen der drei Modelleinrichtungen lebten. Hinzugezählt wurden die Personen, die schon zu Projektbeginn ambulante Angebote der Modelleinrichtungen wahrnehmen, sowie Angehörige und BetreuerInnen, die die Lebensplanung aktiv mitgestalten. Zu Beginn des Projekts wohnten 70 Personen mit psychischen Erkrankungen im Bodelschwingh-Hof Mechterstädt (BHM), 10 Personen mit geistiger und/oder körperlicher Beeinträchtigung in einer Einrichtung des CJD Erfurt sowie 100 Personen mit psychischer und geistiger Beeinträchtigung beim Lebenshilfe-Werk Weimar/Apolda e. V.. Zur primären Zielgruppe sind auch die BetreuerInnen und Angehörige der Menschen mit Beeinträchtigung zu zählen.[10]

Insgesamt kann daher von ca. 180 Personen mit Beeinträchtigung in der primären Zielgruppe ausgegangen werden. Jedoch wurden während des Evaluierungsprozesses einige

---

[10] Diese Zahlen der BewohnerInnen stehen im Antrag. Beteiligt waren von Anfang an weniger. Interesse an Partizipation und Teilhabe zeigten: etwa 15 Personen aus den Arbeitsbereichen des CJD, 72 Personen des LHW Apolda sowie knapp 30 Personen aus dem Umkreis des BHM.

ISÖ
Institut für
Sozialökologie

Schwierigkeiten erkennbar. Zum einen ist die primäre Zielgruppe eine äußerst heterogene Gruppe, was einen Methodenmix notwendig macht, wie ebenfalls in der Repräsentativbefragung der Teilhabe von Menschen mit Beeinträchtigung des Bundesministeriums für Arbeit und Soziales erläutert wird (BMAS 2017). Auch das Sozialreferat der Landeshauptstadt München unterscheidet in einer „Studie zur Arbeits- und Lebenssituation von Menschen mit Behinderungen in der Landeshauptstadt München" (2014) zwischen „Untergruppen" (S. 8). Jedoch stellten sich in diesem Projekt weitere Probleme dar. Zum einen war die Terminfindung für Einzelinterviews mit ehemaligen BewohnerInnen der stationären Einrichtungen schwierig. Zu Projektbeginn konnte dies meist durch die Einrichtungsleitung oder Mitarbeitenden gelingen, doch mit der Umgestaltung der Wohnsituation wurde dies erschwert, da diese im Privatbereich der Menschen mit Beeinträchtigung nun vielmehr als Gast agieren. Kontakt muss daher direkt zur Person hergestellt werden, eine allgemein durchaus positive Entwicklung.

2.3.2 Sekundäre Zielgruppe

Die zweite Zielgruppe der Evaluation setzt sich aus den unmittelbaren Projektbeteiligten (im Folgenden „Fachkräfte"[11]) sowie den mittelbaren Projektbeteiligten (im Folgenden „MultiplikatorInnen") zusammen. Zu den Fachkräften zählen die VertreterInnen der Verbände im Zusammenschluss der LIGA Thüringen, die ReferentInnen der Verbände im Bereich der Eingliederungshilfe, das LIGA-Projektbüro, die für die Organisationsberatung im Projekt zuständige Firma Contec sowie die LeiterInnen und MitarbeiterInnen der drei Modellträger. Zu den MultiplikatorInnen sind das TMASGFF (Thüringer Ministerium für Arbeit, Soziales, Gesundheit, Frauen und Familie), kommunale Spitzenverbände, regionale Leistungsträger und alle weiteren beteiligten Akteure im Rahmen der Eingliederungshilfe in Thüringen zu zählen.

Insgesamt wurde vor Projektbeginn von etwa 500 Personen ausgegangen, die direkt und indirekt am Projekt beteiligt sind. Diese wurden aus methodischen Gründen für die standardisierte Befragung in vier Akteursgruppen unterteilt: Menschen mit Beeinträchtigung, Angehörige/BetreuerInnen, Fachkräfte und MultiplikatorInnen.

---

[11] Hier möchten wir darauf verweisen, dass Menschen mit Beeinträchtigung ebenfalls ExpertInnen und Fachkräfte in eigener Sache sind. In der sekundären Zielgruppe sind damit jedoch unmittelbare Projektbeteiligte und MitarbeiterInnen aus Verbänden, Firmen, Modellträgern etc. gemeint.

ISÖ
Institut für
Sozialökologie

Im Laufe der Evaluation traten unterschiedliche Problematiken zu Tage, die die Evaluation erschwerten. Zum einen sorgte die klare Trennung in vier Akteursgruppen für Irritation, da einige Fachkräfte auch gleichzeitig in die Gruppe Menschen mit Beeinträchtigung zählen, oder als BetreuerIn und Fachkraft fungieren. Zum anderen stieß der Plan des Evaluationsteams, Angehörige zu befragen und insbesondere für die Online-Befragung zu gewinnen bei den Einrichtungen auf Widerstand, da man Verunsicherung bei Angehörigen vermeiden wollte. Dies schränkte die evaluative Arbeit mit/über Angehörige stark ein. Zudem stellte es sich als schwierig dar, Einblicke in unterschiedliche Prozesse des Projekts zu gewinnen. Auf Anfragen zur evaluativen Befragung in ihren Einrichtungen wurde wiederholt von Mitarbeitenden einzelner Einrichtungen deutlich gemacht, dass sie aufgrund des Umwandlungsprozesses und damit einhergehenden Verhandlungen keine bzw. kaum Zeit haben, sich mit dem Projekt selbst und daher auch mit der Evaluation auseinanderzusetzen. Insbesondere die Terminfindung für die Face-to-Face Interviews litt unter diesem Zeitmangel.

2.4 Methodenkanon

Evaluation bedeutet die Überprüfung und Bewertung relevanter Zusammenhänge auf Grundlage einer systematischen Sammlung von Kriterien, die auf einer Reihe von Standards basieren. Evaluationen können vor, während und nach einem Prozess mit den Schritten ‚input-output-outcome-impact' durchgeführt werden. Eine Wirkungsanalyse ist sinnvoll, wenn zu Beginn ein Zielwert festgelegt wurde, der nach Prozess-Ende überprüft werden kann. Das ermöglicht eine Qualitätssicherung und gibt Impulse für einen Lern-Prozess.

Das ISÖ führt Evaluationen als eigenständige Projekte und stets im Rahmen der von ihm betreuten Forschungs- und Entwicklungsprojekte durch. Dazu werden Rückkopplungsschleifen zur prozessbegleitenden Evaluation integriert (inklusive Partizipation), um gegebenenfalls darauffolgende Phasen anpassen zu können. Damit wird ein Projektergebnis erzielt, das die Wünsche und Bedürfnisse des Auftraggebers erfüllt und die Integration in das Alltagshandeln von Organisationen und damit Weiterverarbeitung der Projektergebnisse erhöht. Aus langfristiger Sicht ist das Ziel, gesellschaftliche Wirkung zu erzeugen.

Wie bereits in dem vorherigen Kapitel beschrieben, wird in der Teilhabeforschung eine Triangulation von Methoden empfohlen, eine Methodenkombination mit Querschnittauswertung. Dies ist einerseits ein Vorteil, da dadurch die passende Methode in Bezug auf die jeweilige Zielgruppe eingesetzt werden kann. Denzin definiert Triangulation als „the combination of methodologies in the study of the same phenomena" (Denzin 1970, S. 297). Wenn man von „Mixed Methods" spricht, meint man „die Kombination von Elementen eines qualitativen und eines quantitativen Forschungsansatzes innerhalb einer Untersuchung oder mehrerer aufeinander bezogener Untersuchungen" (Mey u.a. 2020). Einerseits soll dies als eine „Validierungsstrategie zur Sicherung der Güte der Forschungsergebnisse verstanden werden" (ebd.). Andererseits besteht bei der Kombination von qualitativen und quantitativen Methoden ein Spannungsverhältnis, das in der Literatur ebenfalls besprochen wird. Besonders die WissenschaftlerInnen werden dabei herausgefordert, eine Balance der unterschiedlichen Methoden in Bezug auf die Fragestellungen zu finden (Findl 2005, Opielka/Peter 2018).

2.4.1 Methoden

Die verwendeten Methoden des Evaluationsprojekts werden in diesem Abschnitt kurz beschrieben.

2.4.1.1 Experteninterviews

Expertenbefragungen dienen als Informationsquelle, um Wissen strukturiert und theoriegeleitet zu generieren. Ein Experte ist somit ein Informations-Lieferant mit besonderem Wissen über eine bestimmte Thematik. Zur Steuerung dient dem Interviewer ein Leitfaden, der auf die Forschungsfragen abgestimmt ist. Es soll eine offene, neutrale Atmosphäre während der Durchführung herrschen, Planung und die abschließende Analyse sind wichtige Schritte. Ethische Mindeststandards müssen in allen Phasen eingehalten werden sowie ein hohes Niveau an Professionalität und Objektivität.

Das ISÖ empfiehlt in seinen Studien eine Kombination aus qualitativer und quantitativer Analyse. So kann in einzelnen Gesprächen in die Tiefe einer Problemstellung eingegangen und relevante Informationen systematisch fundiert werden. In diesem Projekt wurden ExpertInnen zu Beginn interviewt, um Indikatoren für die Evaluation zu generieren. Wie bereits

Institut für
Sozialökologie

erwähnt können Interviews mit Menschen mit Beeinträchtigung auch als Experteninterviews bezeichnet werden, da sie ExpertInnen in eigener Sache sind. Jedoch wird bei diesen Interviews in diesem Projekt, zur Vermeidung begrifflicher Uneindeutigkeit, von Face-to-Face-Interviews gesprochen.

2.4.1.2 Begehungsprotokolle

Begehungsprotokolle können drei Funktionen umschließen. Sie sind erstens eine Grundlage der Professions- und Praxisforschung, zweitens können sie als Handlungsmethode eingesetzt werden und drittens dienen sie der professionellen Selbstreflexion (Völter 2008).

2.4.1.3 Face-to-Face Interviews

Persönlich-mündliche Befragungen sind „dadurch gekennzeichnet, dass ein Interviewer oder eine InterviewerIn die Befragten aufsucht (bzw. trifft) und die Befragung durchführt. Die Interviewerin liest die Fragen vor und erfasst die Antworten des/der Befragten. Dies kann anhand eines Papierfragebogens erfolgen (Paper and Pencil Interview – PAPI) oder computergestützt als Computer Assisted Personal Interview (CAPI)" (Schröder 2015, S. 1). „Die persönlich-mündliche Befragung ermöglicht es auch vergleichsweise komplexe Sachverhalte zu erheben. Zum einen kann die Befragung durch visuelle Darstellungen wie Antwortlisten, Kalenderdarstellungen oder Bilder ergänzt werden. Zum anderen kann der Interviewer viel umfassendere Erklärungen zu Fragen und Aufgaben geben als dies in selbstadministrierter Form möglich ist. Bei Unklarheiten auf Seiten des Befragten können Interviewer zusätzlich erläutern, sie können nachhaken, wenn die Antwort des Befragten nicht zur Frage passt und sie können den Befragten zur vollständigen Beantwortung der Fragen motivieren" (ebd.). Durchgeführt wurde diese Befragungsform bei Menschen mit Beeinträchtigung.

2.4.1.4 Veranstaltungsevaluation

Die Evaluation von Veranstaltungen gilt hauptsächlich der Qualitätskontrolle. Meist wird dafür ein Fragebogen kurz vor dem Ende der Veranstaltung unter den TeilnehmerInnen verteilt, um Ihre persönliche Meinung anonym aufzunehmen. Der Fragebogen kann in mehrere Abschnitte unterteilt sein (z.B. Barrierefreiheit, Moderation, Verpflegung). Eine Auswertung kann zur Verbesserung folgender Veranstaltungen genutzt werden.

2.4.1.5 Onlinebefragung

Die Onlinebefragung wird immer häufiger als wissenschaftliche Methode genutzt. Zum einen weist sie ein hohes Akzeptanzniveau bei den NutzerInnen auf, zum anderen können dadurch TeilnehmerInnen gezielt mit hoher Effizienz online eingeladen werden. Eine Onlinebefragung unterscheidet sich nicht von einer Befragung auf dem Blatt Papier und muss dieselben Gütekriterien einhalten (Thielsch/Weltzin 2009, Wagner/Hering 2014).

2.4.1.6 Textanalytische Auswertung

Die Textanalyse oder qualitative Inhaltsanalyse bezeichnet eine strukturierte Betrachtung von Textbausteinen durch eine Codierung. Diese bilden ein Codebuch, das als Basis einer qualitativen Auswertung dient. Die Vorgehensweise garantiert eine transparente und replizierbare Arbeit, die visualisiert und dokumentiert werden kann (Titscher u.a. 1998).

Das ISÖ analysiert Texte und Inhalte mithilfe unterschiedlicher Software-Programme (v.a. MAXQDA). Damit können qualitative Daten erhoben werden, die beispielsweise akteurs- und zielgruppen- oder situationsabhängig zur Beantwortung der Forschungsfragen verwendet werden können.

2.5 Module der Evaluation

Als übergeordnete Ziele der Evaluation wurde formuliert, die Veränderung der Mitgestaltungsmöglichkeiten von Menschen mit Beeinträchtigung sowie die institutionellen und organisatorischen Veränderungen im Rahmen des Modellprojekts zu verfolgen und aufzuzeigen. Vor diesen Hintergrundüberlegungen wurde ein modulares Evaluationskonzept mit vier Modulen entwickelt.

2.5.1 Module und jeweilige Ziele

Das Evaluationskonzept soll in seinen vier Modulen im Folgenden kurz dargestellt werden:

Abbildung 3: Evaluationskonzept

Modul 1	Nutzerbefragung	Experteninterviews, Fachtagsbefragung & Veranstaltungsevaluation, Begehungsprotokolle, Face-to-Face Interviews
Modul 2	Multiplikatoren- und Fachkräfte-befragung	Onlinebefragung in zwei Wellen
Modul 3	Textanalyse	Textanalytische Auswertung aller maschinenlesbaren Texte
Modul 4	Jährlicher Evaluationsworkshop	Jährlicher Evaluationsworkshop, Zwischen- und Abschlussbericht

Quelle: Eigene Darstellung

2.5.1.1 Modul 1

Modul 1 richtet sich an die primäre Zielgruppe der Evaluation. Es beinhaltet als wesentliche Komponente eine kontinuierliche und standardisierte NutzerInnenbefragung in Leichter Sprache, die im Rahmen aller im Projekt durchgeführten Seminare, Workshops und Fachtage eingesetzt wurde (Modul 1 - Komponente 2 = M1-K2). Zur Entwicklung und Bildung der hierfür notwendigen Indikatoren und des konkreten Fragenkatalogs wurden zunächst ExpertInneninterviews mit MultiplikatorInnen aus dem Bereich der Behindertenhilfe durchgeführt (M1-K1). Die Entwicklung des Instruments der kontinuierlichen und standardisierten Nutzerbefragung wurde im Anschluss vorgenommen.

Im Verlauf des ersten Projektjahres wurde Modul 1 um zwei weitere Komponenten erweitert: Um die Komponente der „Begehungsprotokolle", einem standardisierten Reflexionsfragebogen, der von den Mitarbeitenden des LIGA-Projektbüros nach jedem Besuch einer Modelleinrichtung ausgefüllt wurde (M1-K3), und um das Instrument leitfadengestützter Face-to-Face-Befragungen in den einzelnen Modelleinrichtungen (M1-K4) mit mittlerweile ehemaligen BewohnerInnen der Modelleinrichtungen. Wurde zu Beginn noch von zehn zu berechnenden Personentagen für das Modul 1 und ausschließlicher Arbeit im Home-Office ausgegangen, so sind mittlerweile insbesondere aufgrund der Ergänzung des Methodenkanons durch Komponente 4 – der Face-to-Face Befragung – auch Präsenztage in den Modelleinrichtungen notwendig geworden.

2.5.1.1.1 Modul 1 – Komponente 1

Zur Bildung der Fragebogenindikatoren für die Fachtagsbefragungen wurden 4-5 ExpertInneninterviews eingeplant, um zu Beginn einen Einblick in die aktuellen und gewünschten Entwicklungen im Bereich der Behindertenhilfe zu gewinnen.

Der dafür entwickelte Interviewleitfaden umfasste 15 Fragen untergliedert in das allgemeine Themenfeld der „Inklusion und Eingliederungshilfe", die Kategorie der „Mitgestaltung von Menschen mit Behinderungen" und der „institutionellen oder organisatorischen Veränderungen" im Bereich der Behindertenhilfe (siehe Anlage 2). Die Interviews wurden auf eine Dauer von 30 Minuten ausgelegt. Interviewt wurden insgesamt sechs Personen aus den Leitungsebenen der Modellträger, der LIGA der Freien Wohlfahrtspflege Thüringen e.V. sowie dem TMASGFF (Thüringer Ministerium für Arbeit, Soziales, Gesundheit, Frauen und Familie). Die Interviews entstanden zwischen Mitte Oktober und Anfang November 2017. Sie wurden aufgenommen und in Teilen transkribiert.

Die ExpertInneninterviews als Instrument der Indikatorenentwicklung

Die Experteninterviews sind Teil des ersten Moduls der Evaluation. Ziele waren ein erster Einblick in das Feld zu erhalten sowie die Entwicklung und Bildung der Indikatoren und des konkreten Fragenkatalogs zur kontinuierlichen und standardisierten Nutzerbefragung. Es wurden Indikatoren zur Wirkungsanalyse entworfen, die sowohl in Modul 1 (standardisierte Teilnehmendenbefragung) als auch in Modul 2 (MultiplikatorInnen- und Fachkräftebefragung) zum Tragen kommen. Hierzu wurden 15 Fragen zum Thema Teilhabe allgemein, zum Projektstart und zu den Erwartungen der Befragten gestellt.

Bevor wir zu der konkreten Indikatorenentwicklung kommen, wollen wir einen ersten Eindruck aus der Praxis auf Basis der sechs Experteninterviews aufzeigen. Die erste Frage zielte darauf ab besser zu verstehen, was für die Befragten persönlich **Inklusion** bedeutet. Dabei fällt auf, dass Inklusion und Teilhabe thematisch eng miteinander verknüpft sind. Einmal geht es den befragten Experten darum, Menschen mit Beeinträchtigung zu erreichen und zum anderen diese an der Gesellschaft, dem sozialen Raum, „teilnehmen", oder „teilhaben" zu lassen.

> *„Dass jeder Mensch (egal ob mit und ohne Behinderung) dazugehört und in der Gesellschaft teilhaben kann, egal wie verschieden er ist."*

An diesem Zitat ist interessant, dass der Fokus nicht nur auf Menschen mit Beeinträchtigung liegt, sondern auf allen Menschen. Ein weiterer Experte stellt die bereits genannte Frage: *„Was können wir, was kann ich tun, damit der Mensch aufgrund seiner Herkunft oder seiner Beeinträchtigung hier in Deutschland gut leben kann?"*. Diese deckt sich mit der zentralen Frage des Projekts und unterstreicht damit noch einmal die Dringlichkeit, hier Lösungsansätze aufzuzeigen. Die eher allgemein gehaltene Frage wird von einem weiteren Experten noch einmal differenziert, denn es gehe hier um *„die gleichen Rechte und Zugänge zu gesellschaftlichen Ressourcen"*.

Diese positiven und motivierenden Gedankengänge werden im weiteren Interviewverlauf jedoch durch reale Spannungsverhältnisse getrübt. Diese sind im Bereich der Teilhabe nicht neu und müssen für das Projekt von Beginn an ernst genommen werden, da sie ebenfalls Wirkung auf das Projektergebnisse ausstrahlen können. Zum einen ist es das Spannungsverhältnis zwischen Hilfe und Kontrolle, zum anderen zwischen Überforderung und Partizipation.

Das erste Spannungsverhältnis „Hilfe und Kontrolle" beschreibt die Situation unserer sekundären Zielgruppe. Der Umbau der Angebote zu mehr Teilhabe hat direkte Auswirkungen auf den Betreuungs-Arbeitsalltag: *„Die Mitarbeiter arbeiten im Fürsorgesystem, diese Haltung muss sich verändern"*, hin zu einer assistierenden Rolle: *„Von Betreuung zur Assistenz ist es noch nicht gekommen"*. Durch diese doch sehr starke und notwendige Veränderung hin zu einer Dezentralisierung sehen die Experten Ängste vor Einsparungen, Verantwortungsverluste und auch Angst um den eigenen Arbeitsplatz als zentrale FAktoren an. Diese Veränderung des Arbeitsethos muss mit der institutionellen und organisatorischen Veränderung einhergehen. Dabei spielen Vertrauen, Verlässlichkeit, aber auch Offenheit und Mut eine wichtige Rolle. Dies gilt auch für die Eltern der Kinder mit Beeinträchtigung, die selbstverständlich ein Schutzbedürfnis haben. Hierzu ist einem Experten besonders wichtig, dass alle mitgenommen werden. Dies könne nur durch Kommunikation geschehen, um Vertrauen aufzubauen.

Das zweite Spannungsverhältnis besteht zwischen „Überforderung und Partizipation" der primären Zielgruppe unserer Evaluation, den Menschen mit Beeinträchtigung: *„Die Menschen mit Behinderungen werden nicht nach tatsächlichen Zielen in ihrem Leben gefragt, eher dass die Experten meinen zu wissen, was diejenigen benötigen"*. Dies soll sich durch

ISÖ
Institut für
Sozialökologie

das Projekt verändern, Menschen soll die Möglichkeit gegeben werden *„über die Angebote selber zu entscheiden und eine Differenzierung von Angeboten zu schaffen"*. Somit soll eine Flexibilisierung erzielt werden und damit eine Individualisierung, Selbstbestimmung und Selbstbewusstseinssteigerung. Dies kann aber auch zur Überforderung oder gar zur Angst vor Vereinsamung und Isolation führen, so die Experten. Daher sei es von Beginn an wichtig den Menschen in den Blick zu nehmen: *„es soll die Möglichkeit geben, dass sie als Experten gehört werden"*. Auch hierzu wird Kommunikation und eine verbesserte Vernetzung gefordert, um voneinander zu lernen in diesem Veränderungsprozess. Denn hier ginge es um eine echte Chance:

> *„Eine Paradigmenveränderung, dass sich ein gesamtes System verändert. Das Inklusion wirklich gelebt werden kann, das tut es noch nicht".*

Indikatorenentwicklung

Auf Basis dieser Informationen wurde als erster Indikator der Wirkungsanalyse des Projekts die Entwicklung personenzentrierter Angebote in den Bereichen *Wohnen, Arbeit und Freizeit* festgelegt. Als zweiter Indikator wurde die Nutzung wie auch die aktive Einbringung/Mitwirkung der Menschen mit Beeinträchtigung bei den im Rahmen des Projekts angebotenen Veranstaltungen definiert. Der dritte Indikator soll das Maß der Umsetzung der im Projekt notwendigen Veränderungsprozesse in den Bereichen Konzeptentwicklung, Organisationsentwicklung und Personalentwicklung erfassen. Weiterhin erfasst der vierte Indikator die Art und Weise des Informationsaustauschs unter den Projektbeteiligten. Abschließend soll der fünfte Indikator erfassen, inwieweit die Modelleinrichtungen bei der Bewältigung der finanziellen Herausforderungen unterstützt werden, die das Projekt mit sich bringt.

Zusätzlich wurden die folgenden Punkte als explizite Indikatoren zur Wirkungsanalyse festgelegt:

1. Entwicklung eines Leitfadens, der auf andere Projekte übertragen werden kann (zur Umsetzung des BTHG).
2. Konkrete Ziele, die Menschen mit Beeinträchtigung während des Projekts erreichen konnten.

3. Anzahl der Menschen mit Beeinträchtigung, die während der verschiedenen Phasen des Projekts teilhaben konnten.

4. Anzahl der neuen, differenzierteren und individuellen Angebote, die während des Projekts geschaffen wurden.

5. Konkrete Veränderungen der Angebote für Menschen mit Beeinträchtigung, die diese am Ende des Projekts erlebt haben.

6. Grad der Flexibilität, der den Menschen mit Beeinträchtigung bei der Auswahl der Wohnformen gegeben wurde.

7. Grad der Flexibilität, der den Menschen mit Beeinträchtigung bei der Auswahl der Arbeitsformen gegeben wurde.

8. Konkrete Hemmnisse, die das Projekt geholfen hat abzubauen.

9. Grad der Verbindung des Projekts mit anderen relevanten Projekten.

10. Anzahl der Veranstaltungen (Workshops, Schulungen), die während des Projekts stattgefunden haben, um verschiedene Akteure (Führungsebene/Fachkräften/Trägern) auf die Veränderungen des Angebotes vorzubereiten.

Als eine weitere Informationsbasis für die Instrumentenentwicklung erwies sich der „Thüringer Maßnahmenplan zur Umsetzung der UN-Behindertenrechtskonvention" als hilfreich, der seit 2019 in einer „Version 2.0" vorliegt (TMASGFF 2019).

2.5.1.1.2 Modul 1 – Komponente 2

Die in Komponente 2 durchgeführte standardisierte NutzerInnenbefragung basiert auf der Notwendigkeit der Produktion vergleichbarer Datensätze über den gesamten Projektzeitraum hinweg. Befragt werden sollten alle Teilnehmenden der Info- und Fachtage[12]: Menschen mit Beeinträchtigung, MitarbeiterInnen, persönliche AssistentInnen, Angehörige. Der Fragebogen richtet sich somit sowohl an die primäre als auch an die sekundäre Zielgruppe der Evaluation.

Der in diesem Modul angewandte Fragebogen musste den Anspruch einer wiederholten standardisierten Einsetzbarkeit ohne großen technischen Aufwand mit einem zugleich

---

[12] Im Projektantrag stehen fünf durchzuführende Infotage für Menschen mit Beeinträchtigung und zwei Workshops für Interessierte. Diese Begriffe wurden im Laufe des Projekts den Bedürfnissen der NutzerInnen angepasst: es wurden fünf Infotage für die Menschen mit Beeinträchtigung und zwei Fachtage für alle am Projekt Interessierten durchgeführt.

möglichst hohen Output an verwertbaren Fragebögen erfüllen. Gewählt wurde ein in Leichter Sprache formulierter Fragebogen, der sich an alle Projektbeteiligten zugleich richtete.

Aufgrund der Ausrichtung der Modelleinrichtungen und der hohen Anzahl von Menschen mit geistigen und psychischen Beeinträchtigungen entstand ohnehin bereits zu Beginn ein erhöhter Bedarf an Schriftstücken in Leichter Sprache. Es sollte ein Fragebogen sein, der für alle verständlich ist, auch für diejenigen mit einer Lern- und Leseschwierigkeit. Das Evaluationsteam entschied sich in Abstimmung mit dem LIGA-Projektbüro für einen Fragebogen, der für eine möglichst hohe Zahl von Projektbeteiligten ausfüllbar war, wenngleich auch hier davon ausgegangen werden musste, dass bestimmte Defizite im Bereich des Lesens, Schreibens und allgemeinen Textverständnisses durch direkte Begleitung im Bearbeitungsprozess auszugleichen waren. Die Übersetzung des entworfenen Fragebogens in Leichte Sprache wurde durch das Projektbüro der LIGA sowie durch die Übersetzungstätigkeit eines Übersetzungsbüros für Leichte Sprache (mit Prüfgruppe) sichergestellt.

Der schließlich eingesetzte standardisierte Pencil-Fragebogen wurde damit inklusiv angelegt und richtete sich, im Gegensatz zu den bei der Infas-Studie verwendeten Ansätzen (Infas 2018), den Defiziten zum Trotz an alle Veranstaltungsteilnehmenden gleichermaßen. Der Fragebogen setzt sich vorwiegend aus ordinal-skalierten Ratingfragen in ungerader Stufenzahl, mit der zusätzlichen Antwortmöglichkeit „weiß nicht" und offenen Fragefeldern zusammen, die insbesondere bei wiederholter Teilnahme Anreize bieten sollten.

Der erste Einsatz des Fragebogens, der 29 Fragen umfasste, erfolgte im März 2018. Er gliederte sich in allgemeine Fragen zur vergangenen Veranstaltung, in Fragen zu den Themengebieten des Wohnens, der Arbeit und der Freizeit sowie in Fragen zu der jeweiligen Einrichtung. Die Wiederholung der themenzentrierten Fragen sollte im Projektverlauf eine mögliche Veränderung der Einstellungen dokumentieren. Allerdings zeigte der erste Einsatz, dass der Fragebogen vor allem für Menschen mit Beeinträchtigung zu umfangreich und nicht für alle Befragten ein den Kompetenzen entsprechendes Erhebungsinstrument war. Das Evaluationsteam entschied daher gemeinsam mit dem LIGA-Projektbüro, das das Ausfüllen des Fragebogens begleitete, in den folgenden Einsätzen eine reduzierte Fragebogenfassung einzusetzen.

Der finale Fragebogen umfasste im Wesentlichen Fragen zur konkreten Veranstaltung, in deren Anschluss die Befragung durchgeführt wurde. Durch die unterschiedlichen Settings, in denen das Instrument des quantitativen Fragebogens angewandt wurde, sowie durch die unterschiedliche Einbindung der Personengruppen in das Projekt wurde es nötig, die Fragebögen auch getrennt nach Veranstaltungsart auszuwerten.

<u>Zusammenfassung Modul 1 Komponente 2</u>

Die Befragungen im Anschluss an die Veranstaltungen in Form der standardisierten, quantitativen Teilnehmendenbefragung sichert zum einen die in Abschnitt 4.4. der Projektskizze geforderte „Veranstaltungsevaluation in leichter Sprache", zum anderen die Perspektiven des im Evaluationskonzept des ISÖ formulierten Modul 1.

2.5.1.1.3 Modul 1 – Komponente 3 und 4

Bereits kurz nach Beginn des Projekts konnte das Methodenset der Evaluation um eine Komponente erweitert werden: Begehungsprotokolle, die durch das Projektbüro bei jedem Besuch einer Einrichtung ausgefüllt wurden. Sie konnten Aufschluss über Entwicklungen und über die Stimmung in den Modelleinrichtungen geben.

Im Sommer 2018 wurde zudem beschlossen, Modul 1 um eine zusätzliche Komponente zu erweitern, um die Lebenslagen, Bedürfnisse und Sichtweisen der Menschen mit Beeinträchtigung in diesem Projekt individueller einfangen zu können. Dafür wurde ein Leitfaden für Face-to-Face Befragungen in den Modelleinrichtungen entworfen. Diese Erweiterung bot die Möglichkeit, die Fragen nach den Veränderungen und Entwicklungen in den Bereichen des Wohnens, der Arbeit und der Freizeit, die aus dem standardisierten Fragebogen entfallen waren, im Interviewleitfaden aufzunehmen und so deren notwendige Abfrage zu decken.

2.5.2 Modul 1 – Komponente 3

Die Begehungsprotokolle wurden in Zusammenarbeit mit dem LIGA-Projektbüro und der am Projekt beteiligten Firma CONTEC[13] entworfen. In den Begehungsprotokollen wurden im Anschluss an Besuche der Modelleinrichtungen Eindrücke und Einschätzungen des Entwicklungsprozesses festgehalten. Der Fragebogen umfasst neun Fragen und wurde

---

[13] https://www.contec.de/

ISÖ
Institut für
Sozialökologie

von den Mitarbeitenden des Projektbüros ausgefüllt. Hierbei werden Fragen über die Einschätzung der Bedürfniserfüllung der BewohnerInnen, die Zuordnung der wesentlichen AkteurInnen, die Mitgestaltungsmöglichkeiten für Menschen mit Beeinträchtigung in der jeweiligen Einrichtung und die aus Sicht des Besuchenden weiterhin offenen notwendigen Entwicklungsschritte auf dem Weg zu einer personenzentrierten, ambulanten Versorgung der Menschen mit Beeinträchtigung gestellt.

2.5.3 Modul 1 – Komponente 4

Der im Herbst 2018 entworfene Fragebogen wurde im November 2018 zum ersten Mal eingesetzt. Das Ziel dieses methodischen Elements ist es, einen tieferen Einblick in die individuellen Lebenslagen, Bedürfnisse und Sichtweisen der im Projekt eingebundenen Menschen mit Beeinträchtigung zu erlangen.

Bei dem entwickelten Fragebogen handelt es sich um einen Leitfaden für ein Face-to-Face Interview zwischen einem/einer BewohnerIn einer Modelleinrichtung und einem/einer InterviewerIn von Seiten der Projektbegleitenden. Die Zielgruppe dieser Interviews war damit die primäre Zielgruppe der Evaluation: die in den Modelleinrichtungen lebenden Menschen mit Beeinträchtigung. Der Fragebogen wurde in einfacher Sprache verfasst und von der interviewenden Person handschriftlich während des Gesprächs mit Notizen gefüllt. Das Interview wurde auf 30 Minuten angesetzt und ließ darin auch Raum für tiefergehende, abschweifende Gespräche.

2.5.3.1 Modul 2

Modul 2 richtet sich mit einem Onlinefragebogen an die sekundäre Zielgruppe der Evaluation: Fachkräfte und MultiplikatorInnen (M2). Der Begriff der MultiplikatorInnen ist recht undurchsichtig und klärungsbedürftig. Gemeint sind hierbei insbesondere politische VertreterInnen sowie Aktive im Bereich der Behindertenhilfe. Ziel dieser Befragung ist es, deren Bewertung der Mitgestaltungsmöglichkeiten sowie der institutionellen und organisatorischen Veränderungen im Prozess zu erfahren. Die sekundäre Zielgruppe umfasst bis zu 300 Personen, weshalb auf eine möglichst breite, nicht personengebundene Befragungsmethode zurückgegriffen wurde. Das Instrument der Wahl war daher eine jährliche, standardisierte Onlinebefragung, die vorwiegend ordinal-skalierte Ratingfragen mit ungerader Stufenzahl zudem offene Fragen und einige Schlaufen bzw. Kontrollfragen enthält.

Die Möglichkeit zur Auswahl mehrerer Antwortmöglichkeiten war, mit einer Ausnahme, nicht gegeben. Die Fragen in diesem Modul wurden aufgrund der Zielgruppenwahl und der notwendigen Fachbegriffe bewusst nicht in Leichter Sprache formuliert. Es wurde eine Teilnehmendenzahl von 100 Personen pro Welle (zwei Wellen innerhalb von zwei Jahren) angestrebt. Die Online-Befragung wurde mit dem Programm „Typeform" entworfen und war so auf allen Endgeräten bearbeit- und abrufbar.

2.5.3.2 Modul 3

Modul 3 stellt eine kontinuierliche textanalytische Auswertung aller in maschinenlesbarem Text vorliegenden Ergebnisse der Arbeitsgremien und Workshops mit Hilfe der Software MAXQDA dar (M3). Hierzu gehören insbesondere Beiträge zur Selbstevaluation und Reflexion innerhalb des Projekts durch das Projektbüro, da die Ergebnisse der Arbeitsgremien und Workshops durch das LIGA-Projektbüro dokumentiert und im Hinblick auf Zufriedenheit, Schaffung neuer Beteiligungsstrukturen, Nachhaltigkeit und Verbesserungsvorschläge ausgewertet wurden. Konkret zählen hierzu auch: Berichtswesen anhand des Meilensteinplans (innerhalb der Prozessstrukturen und nach außen); Beschreibung der genutzten Partizipationsmöglichkeiten für Menschen mit Beeinträchtigung und Erarbeitung eines Leitfadens zur Umsetzung der Best-Practice-Modelle (z. B. „Gelingende Partizipation von Menschen mit psychischen Beeinträchtigung in Veränderungsprozessen"); Materialien in einfacher Sprache, z. B. „Wie kann ich mich beteiligen?"; Tagungsmaterialien; O-Töne von Tagungsteilnehmenden; Zusammenfassung der Erfahrungen und Formulierung in einem Handlungsleitfaden „Wie macht man Teilhabe"; Dokumentation der Ergebnisse der Arbeitsgremien und Workshops; vierteljährliche Berichte zu wesentlichen Ergebnissen des jeweiligen Projektstands.

2.5.3.3 Modul 4

Modul 4 beinhaltet die Verifikation der in Modul 1 bis 3 gewonnenen Daten und Dateninterpretationen im Rahmen eines jährlichen Workshops mit dem LIGA-Projektbüro und weiteren vom Auftraggeber benannten Personen sowie die Erstellung eines zur Veröffentlichung geeigneten wissenschaftlichen Abschlussberichts. Im Rahmen dieser formativen Evaluation können auch Adaptionen der Erhebungsinstrumente vorgenommen werden, ohne die Vergleichbarkeit in der Zeitreihe zu gefährden (bspw. durch die Integration zusätzlicher Fragen/Indikatoren). Zusätzlich wurde zur Unterstützung und Beförderung der Diskussion im Projekt im Oktober 2019 ein Zwischenbericht mit Handlungsempfehlungen vorgelegt und veröffentlicht (Opielka/Wißkirchen 2019). Der Abschlussbericht liegt hiermit vor.

2.5.4 Darstellung der angestrebten und erwarteten Wirkungen des Projekts

Auf Basis des ersten Moduls wurden Indikatoren zur Wirkungsanalyse des Projekts entwickelt. Dies ist besonders wichtig, da dadurch erst eine standardisierte Evaluation möglich ist. Diese können in die unterschiedlichen Prozessschritte eingeordnet werden, die in Kapitel 7 final bewertet werden:

Abbildung 4: Indikatoren zur Wirkungsanalyse

Indikator
I.   Input
Ressourcen zur Erreichung der Projektziele
Ressourcen zur Evaluation
II.   Projektprozess
Definition von Ziel bzw. Normativ von Partizipation (a) ein soziales Gefüge, in das man kommunikativ und materiell eingebunden ist (b) gleichzeitig individuell und gemeinschaftlich (Mitgestaltungsmöglichkeit)
Konkrete Ziele, die Menschen mit Beeinträchtigung während des Projekts erreichen konnten.
Anzahl der Menschen mit Beeinträchtigung, die während der verschiedenen Phasen des Projekts teilhaben konnten.
Anzahl der neuen, differenzierteren und individuellen Angebote, die während des Projekts geschaffen wurden.
Grad der Flexibilität, der den Menschen mit Beeinträchtigung bei der Auswahl der Wohnformen gegeben wurde.

Grad der Flexibilität, der den Menschen mit Beeinträchtigung bei der Auswahl der Arbeitsformen gegeben wurde.

Anzahl der Veranstaltungen (Workshops, Schulungen), die während des Projekts stattgefunden haben, um verschiedene Akteure (Führungsebene/Fachkräften/Trägern) auf die Veränderungen des Angebotes vorzubereiten.

Erfolg der prozessbegleitenden Evaluation (a) Primär: Menschen mit Beeinträchtigungen, Angehörige, Betreuer; (b) Fachkräfte, Multiplikatoren, Politik

Alle projektrelevanten Prozesse sind für Menschen mit Beeinträchtigung zugänglich (prozessuale Barrierefreiheit) um Partizipation und Transparenz zu gewährleisten.

Zusätzliche Fachtage für Menschen mit Beeinträchtigung dienen dazu, ihnen mehr Informationen zu rechtlichen und sozialpolitischen Fragen und Entwicklungen zur Verfügung zu stellen und Raum für Diskussion zu bieten.

III. Output

Entwicklung eines Handlungsleitfadens „Wie macht man Teilhabe?". Dieser Leitfaden sollte auch auf andere Projekte übertragen werden können (zur Umsetzung des BTHG). Es werden praktische Erkenntnisse gewonnen, wie Beratung für Menschen mit Beeinträchtigung effektiv und barrierearm gestaltet werden kann.

Konkrete Veränderungen der Angebote für Menschen mit Beeinträchtigung, die diese am Ende des Projekts erlebt haben (Institutionelle und organisatorische Entwicklungen der Einrichtungen).

Neue Formen und Finanzierungslogiken personenzentrierter Hilfen sind erarbeitet.

Die Anforderungen des neuen Bundesteilhabegesetzes sind berücksichtigt.

IV. Outcome & gesellschaftliche Wirkung

Konkrete Hemmnisse, die auch durch das Projekt abgebaut werden konnten.

Grad der Verbindung des Projekts mit anderen relevanten Projekten.

Die beteiligten Menschen mit Beeinträchtigung sind informierter und verfügen über mehr Optionen im Hinblick auf eine selbst gestaltete Lebensführung.

Notwendige Schritte der Organisations- und Personalentwicklung und ggf. des Immobilienmanagements sind bekannt, Controlling-Systeme werden angepasst, das Risiko-Management wird verbessert.

Neue Berufsprofile und veränderte Anforderungen zur Unterstützung und Beschreibung personenzentrierter Leistungen (z.B. Case-, Netz- und Teilhabemanagement) sind identifiziert und die benötigten Ressourcen und Kompetenzen beispielhaft dargestellt.

Angehörige und gesetzliche BetreuerInnen haben größeres Vertrauen in Entscheidungen der Menschen mit Beeinträchtigung und unterstützen aktiver deren selbstgewählte Ziele.

Angehörige unterstützen die Um- und Neugestaltung der Angebote, ihre Skepsis im Hinblick auf Leistungslücken ist zerstreut.

Der aktive Einbezug von Menschen mit Beeinträchtigung, der VertreterInnen, Angehörige, BetreuerInnen sowie VertreterInnen von Interessen- und Fachverbänden von Menschen mit Beeinträchtigung wird dauerhaft etabliert und gesichert. Unabhängig von diesem Projekt und über die Eingliederungshilfe hinaus werden Impulse für mehr Teilhabe von Menschen im Gemeinwesen gegeben.

Die Unterstützung zur Bereitstellung personenzentrierter Hilfen und ihres Ausbaus, wie z.B. barrierefreier Wohnraum, inklusive Bildungs- und Freizeitangebote, Verbesserung des ÖPNV (Mobilitätsverbesserung), differenzierte Angebote für Arbeit und Beschäftigung ist aktiviert.

Eine Überprüfung der Curricula von Fachschulen (HEP, ErzieherInnen) wird angeregt, um die Ausbildung neuer Assistenzberufe auf dem Hintergrund personenzentrierter Hilfen zu initiieren (die/der AssistentIn als „Teilhabemanagerin").

Zufriedenheit in Bezug auf das jeweilige Dienstleistungssystem.

Allgemeine Zufriedenheit (i.V. mit der Annahme, dass diese durch die Institution und ihre Leistungen beeinflusst wird).

Quelle: Eigene Darstellung

3 Quantitative Evaluation – Wir lassen die Zahlen sprechen

3.1 Methodisches Vorgehen

Im Rahmen des LIGA-Projekts wurden mehrere quantitative und qualitative Untersuchungsdesigns gewählt, um einerseits durch quantitative Methoden allgemeine Trends und Einstellungen zum Projekt und den Modelleinrichtungen zu erfassen und andererseits durch qualitative Methoden detaillierte Informationen zu Abläufen, Problemen und Verbesserungsmöglichkeiten aufzuzeigen. Für die quantitativen Analyse wurden zwei unterschiedliche Befragungen durchgeführt.

„Pen and Paper" Befragung

Die Info- und Fachtage wurden dazu genutzt, eine klassische Befragung im „Pen and Paper"-Format durchzuführen. Während bei den Infotagen der Fokus hauptsächlich auf Menschen mit Beeinträchtigung und Personen in ihrem direkten Umfeld lag, waren es vor allem MitarbeiterInnen der Einrichtungen, die an den Fachtagen teilnahmen. Insgesamt gab es fünf Infotage und zwei Fachtage, bei denen der gleiche Fragebogen genutzt wurde. Die Evaluationsbögen wurden jeweils vor Abschluss der Veranstaltung ausgegeben. Auf den Info- und Fachtagen wurden Unterstützungsbedarfe abgefragt und die Teilnahme so durch andere anwesende Personen (BetreuerInnen, AssistentInnen oder andere Besucher) in Einzelunterstützung ermöglicht. Es wurden jeweils 20 Minuten für das Ausfüllen des Fragebogens bereitgestellt. Anzumerken ist hierbei jedoch, dass beim ersten Infotag ein deutlich umfangreicherer Fragebogen genutzt wurde, der allerdings aufgrund der Kritik bezüglich des Aufwandes und der Verständlichkeit für die Teilnehmenden mit einer Beeinträchtigung für die folgenden Veranstaltungen deutlich kompakter und einfacher konzipiert wurde. Insbesondere Fragen gegen Ende des ersten Fragebogens wurden von den Teilnehmern nicht oder mit nicht verwertbaren Antworten ausgefüllt, zu sehen in Abbildung 24 im Anhang. Der an alle Teilnehmenden gerichtete Fachtagsfragebogen sollte ursprünglich einer Verlaufsabfrage der durch das Projekt bedingten Veränderungen dienen. Auf Grund der Rückmeldungen wurde von einer Verlaufsabfrage in dieser Methode Abstand genommen. Die entsprechenden Fragen zu möglichen Veränderungswahrnehmungen innerhalb verschiedener Lebensbereiche wurden aus dem Fragebogen entfernt. Diese dienten im Anschluss den leitfadengestützten Einzelinterviews (Face-to-Face Interviews) als Grundlage.

Aus diesem Grund wurde entschieden, für die letztendliche Analyse nur die Daten des gekürzten Fragebogens miteinzubeziehen, um die Ergebnisse zwischen allen Wellen vergleichbar zu halten. Deshalb bleiben für die abschließende Analyse sechs inhaltliche Fragen übrig. Die Fragen bezogen sich weniger auf das Projekt an sich, sondern vielmehr auf die Organisation und den Ablauf der Info- und Fachtage. Die Befragten hatten die Möglichkeit auf einer 3-stufigen Antwortskala zu antworten (Zustimmung, teils/teils, Ablehnung) oder sich zu enthalten. Dieses relativ schmale Antwortspektrum ermöglicht nur eine allgemeine Erfassung der Einstellungen der Befragten. Da es sich bei vielen der TeilnehmerInnen der Befragung aber um Menschen mit verschiedenen physischen und vor allem psychischen Beeinträchtigungen handelt, wurde entschieden, dass validere Ergebnisse durch einfach gehaltene Antwortkategorien detaillierten Ergebnissen durch mehr Antwortmöglichkeiten vorzuziehen sind.

Die genauen Fallzahlen der einzelnen Wellen lassen sich in Abbildung 5 betrachten. Insgesamt bewegen sich die TeilnehmerInnenzahlen bei den Info- und Fachtagen zwischen 18 und 53 Personen. Die Gesamtzahl der tatsächlichen Teilnehmenden der Info- und Fachtage ist höher. Im folgenden Kapitel werden nur die Teilnehmenden der Befragung betrachtet. Dabei ist anzumerken, dass die Fachtage mit 51 und 53 Personen etwas mehr Teilnehmende als die Infotage aufweisen. Infotag 3 hat mit 35 Personen die höchste TeilnehmerInnenzahl und Infotag 4 mit 18 die niedrigste, wobei dieser an einem Samstag stattfand und deshalb weniger Begleitpersonal zur Unterstützung bereitstand. Ebenfalls war an diesem Wochenende der Hauptbahnhof in Erfurt gesperrt, was eine weitere Hürde für Menschen mit Beeinträchtigung darstellte an der Veranstaltung teilzunehmen. Abgesehen von Fachtag 2 war in allen Wellen die Altersgruppe zwischen 36 und 55 Jahren die größte. Infotag 2 und 5 weisen ein ausgeglichenes Geschlechterverhältnis auf, während bei den anderen Erhebungszeitpunkten entweder etwas mehr Männer (Infotag 1, Infotag 4) oder mehr Frauen (Fachtag 1, Infotag 3, Fachtag 2) unter den Teilnehmenden waren.

Abbildung 5: Stichprobe „Pen and Paper" Info- und Fachtage; Online-Erhebung

	Infotag 1	Infotag 2	Fachtag 1	Infotag 3	Infotag 4	Infotag 5	Fachtag 2	Online 1	Online 2
Alter									
18-35	12	9	17	10	7	7	30	21	13
36-55	17	10	25	17	9	15	17	37	32
56-75	3	5	9	4	1	4	6	11	16
Geschlecht									
Mann	18	13	19	14	13	13	15	24	23
Frau	14	11	32	20	4	14	34	45	36
Divers	1	1	0	1	1	0	4	0	2
n	33	26	51	35	18	28	53	69	61

Quelle: Eigene Erhebung

Online-Erhebung

Neben der zuvor dargestellten Analyse über die schriftlichen Fragebögen wurde eine Erhebung über die Online-Plattform „Typeform"[14] durchgeführt. Der an Fachkräfte, politische AkteurInnen und alle weiteren Aktiven im Bereich der Behindertenhilfe gerichtete Onlinefragebogen wurde durch das Projektbüro per E-Mail an einen breiten Verteiler versandt. Neben dieser Verbreitung war der Link über die Website des ISÖ – Institut für Sozialökologie und den Newsletter des Instituts abrufbar[15]. Die Befragung wurde außerdem auf der Online-Plattform „kobinet-Nachrichten"[16] (Tagesaktueller Nachrichtendienst zur Behindertenpolitik) beworben. Nach der geringen Rücklaufquote der ersten Welle wurde der Startzeitpunkt der zweiten Befragungswelle so gewählt, dass dieser auf dem Fachtag für Fachkräfte am 5.11.2019 intensiv beworben werden konnte. Doch auch die dort erfolgten Aufrufe zur Teilnahme, die ausgehängten Plakate und ausgelegten Flyer mit QR-Codes erhöhten die TeilnehmerInnenzahlen nicht. Die ursprünglichen Fristen wurden jeweils aufgrund

---

[14] www.typeform.com/

[15] https://www.isoe.org/

[16] https://kobinet-nachrichten.org/

ISÖ
Institut für
Sozialökologie

der geringen Rückmeldungen und Teilnahmequoten um einen Monat verlängert. Der Fragebogen war für die erste Welle vom 18.12.2018 bis zum 13.2.2019, für die zweite vom 4.11.2019 bis 29.1.2020 online.

Während sich die Fragen der Info- und Fachtage eher auf die Veranstaltungen an sich bezogen, lag der Fokus der Online-Erhebung eher auf dem Projekt im Allgemeinen. Durch einen geringeren Aufwand und individuelle Zeiteinteilung bei Online-Erhebungen konnte diese Befragung etwas umfangreicher und detaillierter ausgelegt sein. Ebenfalls wurde bei der Online-Erhebung eine 5-stufige Antwortskala genutzt, um detailliertere Informationen über verschiedene Aspekte des Projekts zu gewinnen. In der folgenden Analyse werden sieben der untersuchten Fragen mit Abbildungen dargestellt und detaillierter diskutiert.

Die Fallzahlen für die zwei Wellen der Online-Erhebung werden ebenfalls in Abbildung 5 dargestellt. Mit 69 (Welle 1) und 61 (Welle 2) Teilnehmenden fällt die Stichprobe für die Online-Erhebung etwas größer aus bei der Analyse der „Pen and Paper" Befragung. Hinsichtlich der Altersverteilung ist wiederum die Altersgruppe zwischen 35 und 55 Jahren am stärksten vertreten. In beiden Wellen sind Frauen stark überrepräsentiert. Anzumerken ist jedoch, dass diese Befragung nicht in Leichter Sprache verfasst wurde, was einen Einfluss auf das Antwortverhalten von Menschen mit Beeinträchtigung zur Folge haben könnte. Eine weitere Barriere für diese Personengruppe könnte die Internetnutzung darstellen.

3.2 Ergebnisse der Befragung Info- und Fachtage

Im folgenden Abschnitt werden die Ergebnisse der „Pen and Paper" Befragung der Info- und Fachtage dargestellt. Bei allen Fragen konnten die Teilnehmer zwischen den Antwortkategorien ja, teils/teils und nein wählen, oder sich enthalten. Bei Nicht-Beantwortung oder Enthaltung wurden die Personen aus der Analyse ausgeschlossen. Der Antwortkategorie „ja" wurde der Wert 3, „teils/teils" 2 und „nein" 1 zugewiesen. So lässt sich über die Mittelwerte ein übersichtlicherer Verlauf über die sieben Erhebungszeitpunkte darstellen.

Abbildung 6: War die Veranstaltung barrierefrei?

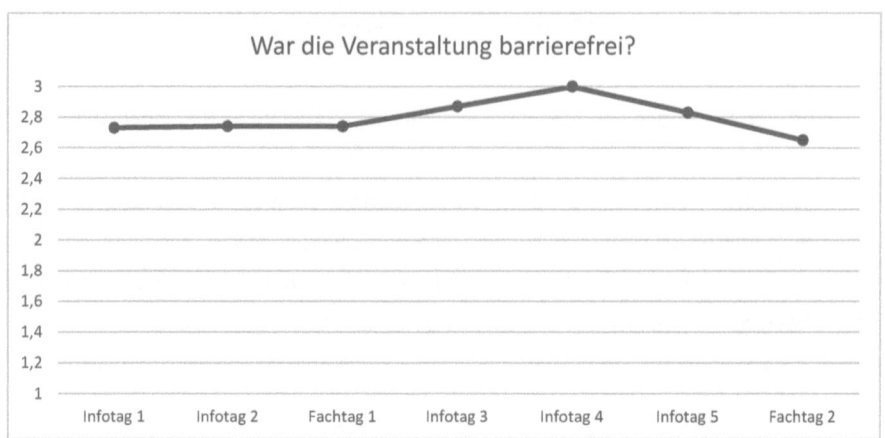

Anmerkung: Infotag: blau/Fachtag: rot. „ja" = 3/„teils/teils" = 2/„nein" = 1. Darstellung als Mittelwert.

Quelle: Eigene Erhebung

In Abbildung 6 werden die Antworten auf die Frage „War die Veranstaltung barrierefrei?" dargestellt. Da sich die Veranstaltungen, insbesondere die Infotage, vor allem an Menschen mit Beeinträchtigung richteten, ist ein barrierefreier Zugang zu diesen Veranstaltungen ein sehr wichtiger Faktor. Dieser scheint aus Sicht der Befragten auch über alle Veranstaltungen hinweg ermöglicht worden zu sein. Mit einem Mittelwert von über 2,7 bei allen Infotagen und dem ersten Fachtag waren fast alle Befragten der Meinung, dass die Veranstaltung barrierefrei war. Bei Infotag 4 waren sogar alle Befragten dieser Meinung. Einzig Fachtag 2 fällt mit einem Mittelwert von knapp unter 2,7 etwas zurück, unterscheidet sich aber dennoch kaum von den anderen Info- und Fachtagen und zeigt eine starke Zustimmung auf. Dabei scheinen die Teilnehmenden der Fachtage, also die MitarbeiterInnen der Einrichtungen, hinsichtlich dieser Frage etwas kritischer zu sein. Insbesondere die Infotage 3, 4 und 5 heben sich deutlich von den anderen Ergebungszeitpunkten ab, während die Fachtage 1 und 2 die niedrigsten Werte aufweisen. Dennoch kann man insgesamt sagen, dass bei allen Veranstaltungen ein barrierefreier Zugang weitestgehend gewährleistet wurde.

Abbildung 7: War die Veranstaltung gut organisiert?

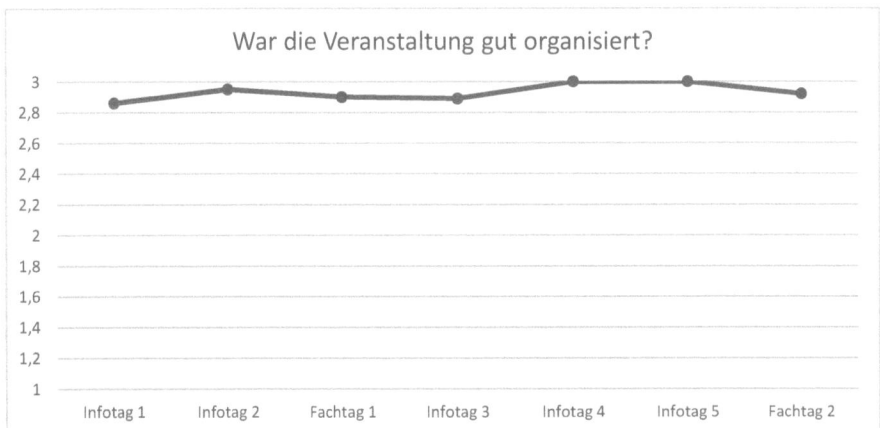

Anmerkung: Infotag: blau/Fachtag: rot. „ja" = 3/„teils/teils" = 2/„nein" = 1. Darstellung als Mittelwert.

Quelle: Eigene Erhebung

Abbildung 7 befasst sich mit der allgemeinen Organisation der Veranstaltung. Nur sehr wenige der Befragten schätzten die Organisation der sieben Veranstaltungen als nicht o-der nur teilweise gut ein. Mit Mittelwerten um die 2,9 bei allen Veranstaltungen waren diese aus Sicht der Befragten sehr gut organisiert. Den niedrigsten Wert weist Infotag 1 mit 2,86 auf. Ebenfalls Infotag 3 blieb mit 2,89 knapp unter 2,9, während alle anderen Info- und Fachtage darüber liegen. Bei den Infotagen 4 und 5 gaben sogar alle Personen an, dass diese gut organisiert waren. Hierbei ist ein leichter Aufwärtstrend erkennbar. Trotz der schon sehr gut organisierten ersten Veranstaltungen konnte im Verlauf der Veranstaltungen noch eine leichte Verbesserung erreicht werden.

Abbildung 8: Haben Sie alles verstanden?

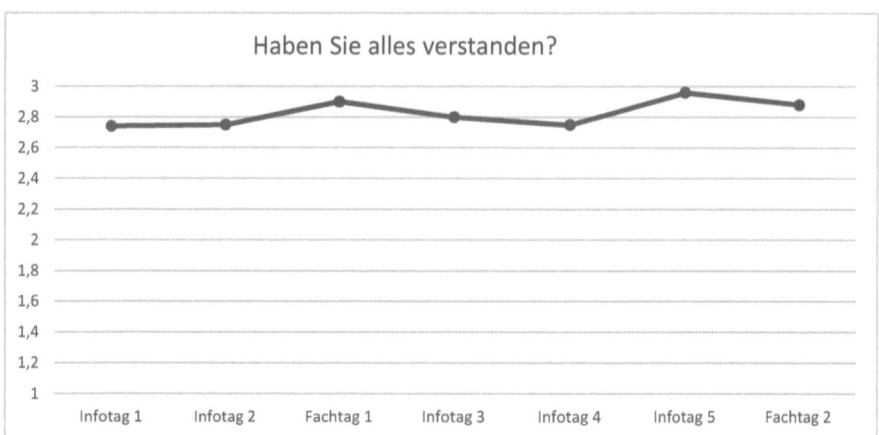

Anmerkung: Infotag: blau/Fachtag: rot. „ja" = 3/„teils/teils" = 2/„nein" = 1. Darstellung als Mittelwert.

Quelle: Eigene Erhebung

Auch in Bezug auf die Verständlichkeit der Veranstaltungen waren die TeilnehmerInnen sehr zufrieden, wie in Abbildung 8 zu sehen ist. Infotag 1, 2 und 5 fallen knapp unter den Mittelwert von 2,8. Beide Fachtage, sowie Infotag 5 weisen einen Mittelwert von 2,9 oder höher auf. Insbesondere die Fachtage 1 und 2 sowie Infotag 5 heben sich in diesem Fall etwas von den anderen Veranstaltungen ab. Da auf den Infotagen hauptsächlich Menschen mit Beeinträchtigung waren, während sich die Fachtage eher an den MitarbeiterInnen der Einrichtung ausrichteten, könnte dies darauf hindeuten, dass es Menschen mit Beeinträchtigung etwas schwerer fiel, die angesprochenen Inhalte der Infotage zu verstehen. Dennoch gaben nur sehr wenige TeilnehmerInnen an, dass sie nur teilweise alles verstanden haben und ebenfalls sehr wenige, dass sie nicht alles verstanden haben.[17] Auch hier scheinen die Veranstaltungen sehr gut auf die Bedürfnisse von Menschen mit Beeinträchtigung ausgerichtet gewesen zu sein und waren sowohl für Menschen mit Beeinträchtigung als auch Menschen in deren Umfeld, seien es Angehörige, Assistenten oder MitarbeiterInnen der Einrichtungen, sehr gut verständlich.

---

[17] „Teils/teils" und „nein" sind bei dieser Frage eigentlich kaum voneinander zu unterscheiden, da erfragt wird, ob die teilnehmende Person alles verstanden habe. Diese Formulierung ist aus der bereits erwähnten Umformulierung in Leichte Sprache entstanden und ist in der Tat etwas problematisch. Dennoch wird davon ausgegangen, dass die Teilnehmenden dadurch unterschieden haben, ob sie alles verstanden, einige wenige Punkte oder vieles nicht verstanden haben.

Abbildung 9: Konnten Sie sich äußern?

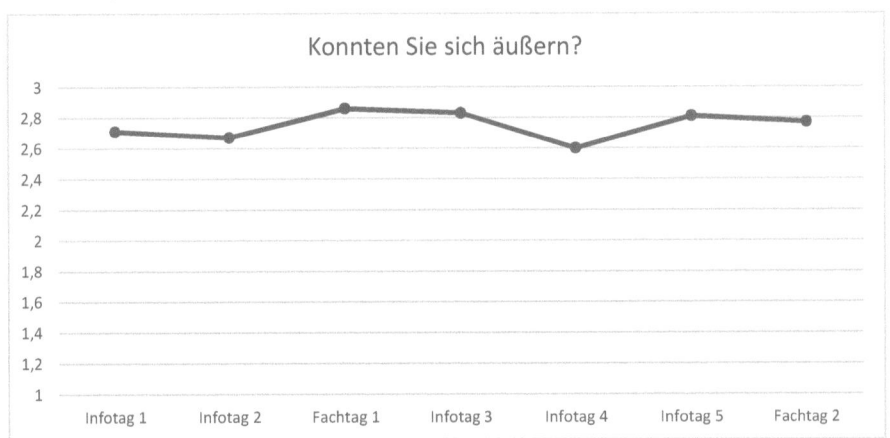

Anmerkung: Infotag: blau / Fachtag: rot. „ja" = 3/„teils/teils" = 2/„nein" = 1. Darstellung als Mittelwert.

Quelle: Eigene Erhebung

In Abbildung 9 ist die Möglichkeit der Partizipation aus Sicht der Befragten dargestellt. Beide Fachtage sowie die Infotage 3 und 5 weisen einen Mittelwert von ca. 2,8 oder höher auf. Im Vergleich zu den bisher dargestellten Fragen sind diese Werte etwas niedriger, aber dennoch sehr hoch. Die Infotage 1, 2 und 4 befinden sich zwischen 2,6 und 2,7 und fallen damit etwas unter die anderen Veranstaltungen. Scheinbar war die Möglichkeit der Partizipation bei diesen Infotagen etwas niedriger[18], was eventuell wieder mit den unterschiedlichen Zielgruppen der Info- und Fachtagen zusammenhängen könnte.

Menschen mit Beeinträchtigung könnten eine höhere Hemmschwelle haben sich an solchen Veranstaltungen vor den anderen Teilnehmenden zu äußern als beispielsweise Fachkräfte, was etwas niedrigere Werte bei den Infotagen erklären könnte. Dennoch sollte auch hier angemerkt werden, dass es sich wieder um sehr hohe Werte handelt und die generelle Tendenz sehr positiv ist, also auch Menschen mit Beeinträchtigung auf den Veranstaltungen die Möglichkeit hatten sich zu äußern.

---

[18] Grundsätzlich sollte bedacht werden, dass Formulierungen und Sprachnuancen, wie sie in der Standardsprache verwendet werden, in „Leichter Sprache" nicht so nuancenreich sind. Während Gesprächen mit Beteiligten des Projekts hat sich herausgestellt, dass einige Befragte die Frage teilweise anders verstanden haben als ursprünglich vorgesehen. Das heißt, die Frage „Konnten Sie sich äußern?" wurde von einigen Befragten auch mit „Haben Sie sich geäußert?" gleichgesetzt worden sein und dadurch die Wahl der Antwortkategorie „nein" zur Folge haben, obwohl der Befragte durchaus die Möglichkeit hatte sich zu äußern. Dies ist allerdings eine Problematik die sich bei der Nutzung der „Leichten Sprache" nur schwer vermeiden lässt.

Institut für
Sozialökologie

Abbildung 10: Gibt es Themen die nicht angesprochen wurden?

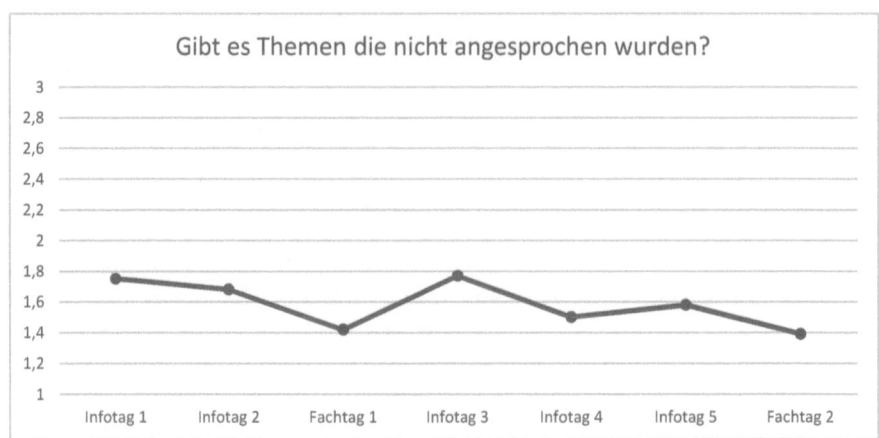

Anmerkung: Infotag: blau / Fachtag: rot. „ja" = 3/„teils/teils" = 2/„nein" = 1. Darstellung als Mittelwert.

Quelle: Eigene Erhebung

Abbildung 10 muss etwas anders interpretiert werden als die anderen Abbildungen in der Analyse der Info- und Fachtage. Zwar bedeutet der Wert 3 weiterhin Zustimmung, allerdings ist er in diesem Fall negativ zu interpretieren, da in diesem Falle bestimmte Themen aus Sicht der Befragten nicht angesprochen wurden. Die in dieser Abbildung deutlich niedrigeren Mittelwerte sind also dennoch wieder eher positiv einzuschätzen, wenn auch vergleichsweise neutraler als in den bisher dargestellten Abbildungen. Während sich die Mittelwerte der beiden Fachtage, sowie der Infotage 4 und 5 unter 1,6 befinden, tendieren die Befragten der anderen Infotage mit Mittelwerten von teilweise fast 1,8 schon deutlich zur „teils/teils" Antwortkategorie.

Zwar wird diese Frage wiederum eher positiv bewertet, aber deutlich weniger als es bei den anderen Fragen der Fall war. Auch weisen die beiden Fachtage die besten Werte auf. Dies macht deutlich, dass es vor allem bei den Infotagen scheinbar Themen gab, die nur teilweise oder auch gar nicht angesprochen wurden. Dies scheint der einzig signifikante Kritikpunkt aus Sicht der Befragten an den Veranstaltungen gewesen zu sein.

Abbildung 11: Wie gefiel Ihnen die Veranstaltung insgesamt?

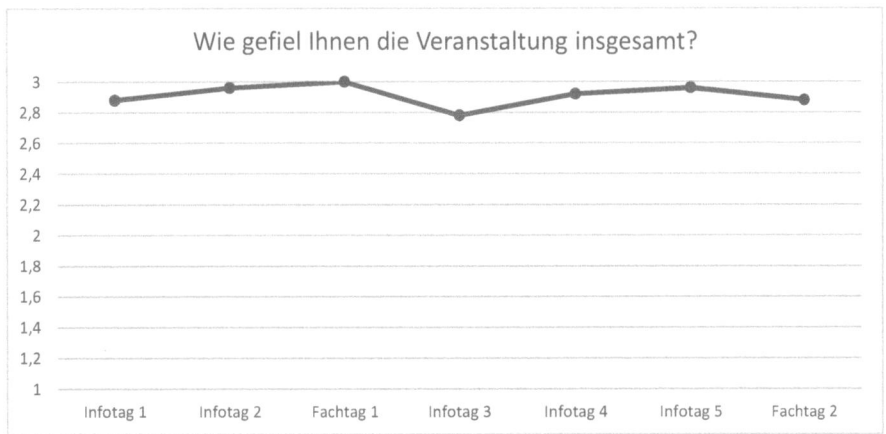

Anmerkung: Infotag: blau/Fachtag: rot. „ja" = 3/„teils/teils" = 2/„nein" = 1. Darstellung als Mittelwert.

Quelle: Eigene Erhebung

Abschließend lässt sich in Abbildung 11 die umfassende Zufriedenheit mit den Veranstaltungen erkennen. Wie sich schon durch die zuvor dargestellten Ergebnisse vermuten lässt, waren die Teilnehmenden aller Veranstaltungen sehr zufrieden. Mit Mittelwerten über 2,8 zeigt sich, dass nur sehr wenige Personen angaben, mit der jeweiligen Veranstaltung nicht oder nur teilweise zufrieden gewesen zu sein. Unter den Befragten des ersten Fachtages war keine Person, die nicht mit der Veranstaltung zufrieden war. Einzig Infotag 3 fällt mit einem Mittelwert von 2,8 etwas unter den Schnitt der anderen Veranstaltungen, was aber dennoch eine hohe Zufriedenheit mit der Veranstaltung darstellt.

Insgesamt zeigt sich über alle Fragen hinweg eine sehr hohe Zufriedenheit mit nahezu allen Aspekten der Info- und Fachtage. Der in dieser Befragung einzig relevante Kritikpunkt aus Sicht der Befragten waren die angesprochenen Themen der Info- und Fachtage. Anscheinend gab es aus Sicht der Befragten einige Themen, die gar nicht oder nur unzureichend während der Veranstaltungen angesprochen wurden. Dennoch waren auch in diesem Bereich die meisten Teilnehmenden zufrieden.

Weiterhin muss erwähnt werden, dass sich bei allen Fragen die meisten Personen, die nicht mit „ja" geantwortet bzw. eine positive Bewertung der Frage abgegeben haben, für die Antwortkategorie „teils/teils" entschieden haben und nicht für „nein" bzw. die negative Bewertung. Dies macht noch einmal die sehr positive Stimmung hinsichtlich der Info- und Fachtage deutlich, denn es gab kaum Personen, die bei den einzelnen Fragen wirklich unzufrieden waren.

3.3   Ergebnisse der Online-Erhebung

Neben den zuvor dargestellten Ergebnissen der „Pen and Paper"-Befragung wurde eine weitere quantitative Evaluationsmethode gewählt. Die Online-Befragung befasst sich wesentlich genauer mit verschiedenen Aspekten des Projekts und bot eine 5-stufige Antwortskala zur genaueren Bewertung der einzelnen Fragen. Im folgenden Abschnitt werden sieben der erhobenen Fragen anhand von Abbildungen diskutiert. Da es sich nur um zwei Wellen handelt und die Antwortkategorien umfangreicher ausgelegt waren, kann für diese eine deutlich detaillierte Darstellungsform gewählt werden.

Abbildung 12: Erhöht sich durch das Modellprojekt, und die damit verbundene Ambulantisierung, die Chance auf eine gelungene Teilhabe von Menschen mit Beeinträchtigung?

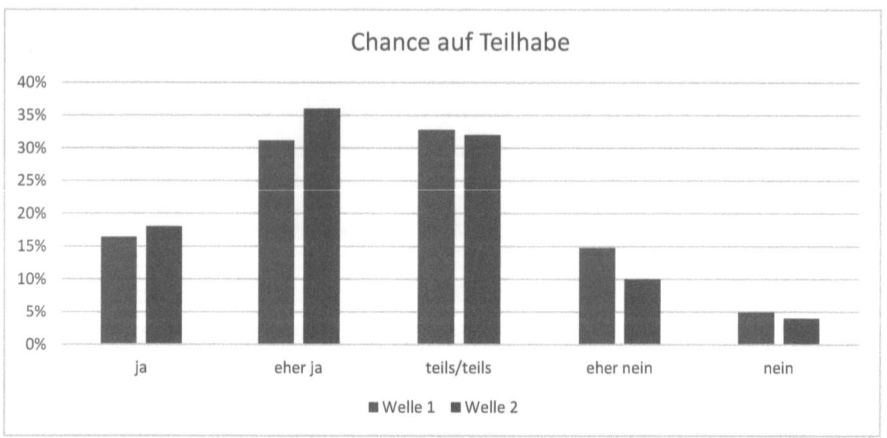

Quelle: Eigene Erhebung

Abbildung 12 befasst sich mit der Chance auf eine gelungene Teilhabe von Menschen mit Beeinträchtigung. Die Einschätzung der Befragten zeigt, dass sie die Auswirkungen des

Projekts bzw. der Ambulantisierung eher positiv einschätzen. Zwar ist ein Drittel der Personen bei dieser Frage unentschlossen, dennoch entschieden sich ebenfalls ca. ein Drittel für die Kategorie „eher ja". Ebenfalls ist der Anteil an Befragten, die sich für die positivste Kategorie entschieden höher als bei den zwei negativen Kategorien. Auch über die zwei Wellen hinweg zeigt sich eine positive Entwicklung. In Welle 2 haben sich mehr Personen für „ja" und „eher ja" entschieden als in Welle 1. Dies zeigt eine durchaus positive Entwicklung über den Projektverlauf. Hierbei handelt es sich allerdings nur um die Chance auf Teilhabe der betroffenen Personen. Die tatsächliche Teilhabe wird in der nächsten Abbildung dargestellt.

Abbildung 13: Wie sehr haben die Maßnahmen der Ambulantisierung Ihrer Meinung nach zu einer Steigerung der Partizipation in den letzten etwa fünf Jahren beigetragen?

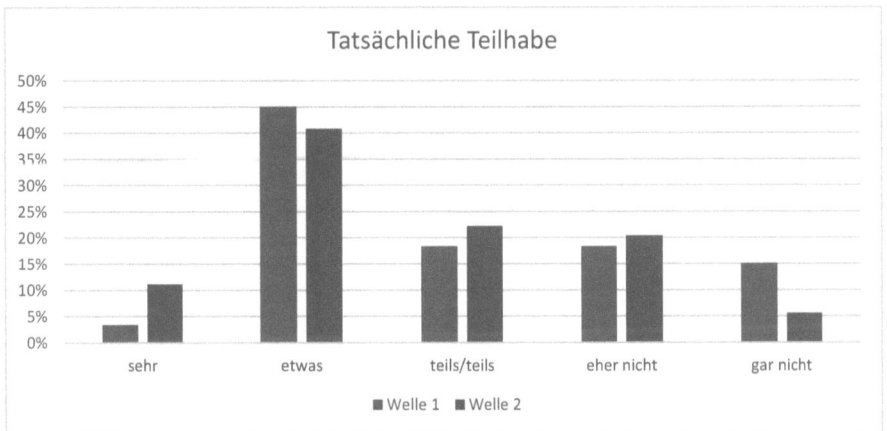

Quelle: Eigene Erhebung

In Abbildung 13 ist zu sehen, inwieweit die Befragten denken, dass die Maßnahmen der Ambulantisierung zu einer tatsächlichen Steigerung der Partizipation in den letzten fünf Jahren geführt hat. Mit 45% haben sich fast die Hälfte der Befragten für die Antwortkategorie „etwas" entschieden, was auf eine durchaus positive Entwicklung durch die Ambulantisierung hindeutet. Zwar fällt dieser Wert in der zweiten Welle etwas ab, dennoch stieg der Anteil bei der positivsten Antwortkategorie „sehr" deutlich auf über 11%. Wenn es um die tatsächliche Teilhabe geht, sind die Befragten etwas gespaltener als bei der Frage zur Chance auf Teilhabe. Deutlich weniger Personen sind unentschlossen und sowohl mehr

Personen sehen eine tatsächliche Steigerung der Partizipation als auch eine geringere Teilhabe von Menschen mit Beeinträchtigung. Insgesamt scheint sich die Ambulantisierung nicht nur auf die Chance auf Teilhabe positiv auszuwirken, sondern auch die tatsächliche Teilhabe profitiert von den Änderungen. Dennoch gibt es auch Befragte, die die Auswirkungen der Ambulantisierung auf die Teilhabe nicht so positiv einschätzen.

Abbildung 14: Wird Ihrer Meinung nach innerhalb der Modelleinrichtungen auf die individuellen Bedürfnisse der BewohnerInnen eingegangen?

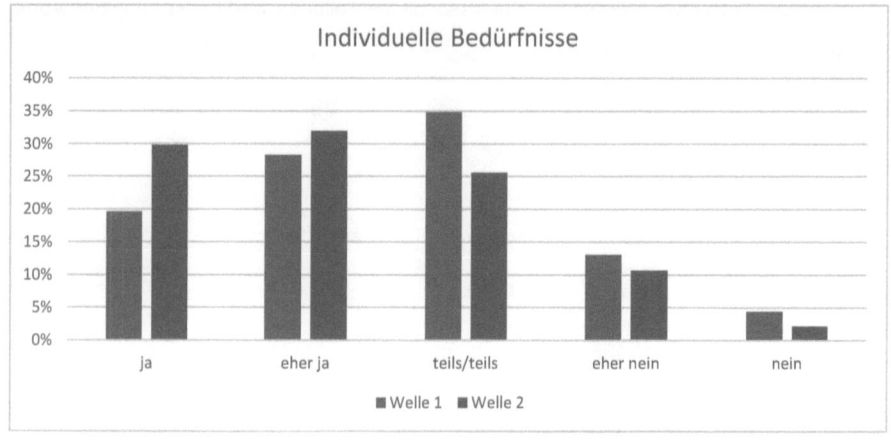

Auch die Einschätzung hinsichtlich der individuellen Bedürfnisse fällt aus Sicht der Befragten durchaus positiv aus, wie in Abbildung 14 zu sehen ist. Zwar ist die Gruppe der unentschlossenen Personen in der ersten Welle noch die größte, dennoch ist der Anteil an Personen, die sich für die positiven Kategorien entschlossen haben – wie schon in der vorigen Abbildung – deutlich größer als bei den negativen Kategorien. So ist während des Ambulantisierungsprozesses der größte Teil der Befragten der Meinung, dass auf die individuellen Bedürfnisse der Bewohner ausreichend eingegangen wird. Ebenfalls zeigt sich wieder eine positive Entwicklung zwischen den zwei Wellen. Insbesondere in der positivsten Kategorie „ja" ist ein signifikanter Anstieg zu beobachten. Anscheinend waren vor allem zuvor unentschlossene Personen während der zweiten Erhebungsphase deutlich überzeugter bezüglich der Beachtung individueller Bedürfnisse der ehemaligen BewohnerInnen. Ebenfalls haben sich aber auch weniger Personen für die Antwortkategorien „eher nein" und

„nein" entschieden. Auch die Kategorie „teils/teils" ist nicht mehr die größte der fünf Ant-wortkategorien. Verglichen mit den anderen untersuchten Variablen ergibt sich hier die deutlichste Verbesserung zwischen den zwei untersuchten Wellen. Es hat eindeutig eine positive Entwicklung bei der Beachtung der individuellen Bedürfnisse der Bewohner gege-ben.

Abbildung 15: Haben Sie Befürchtungen, dass einzelne Personengruppen in diesem Prozess übergangen werden könnten?

Befürchtungen

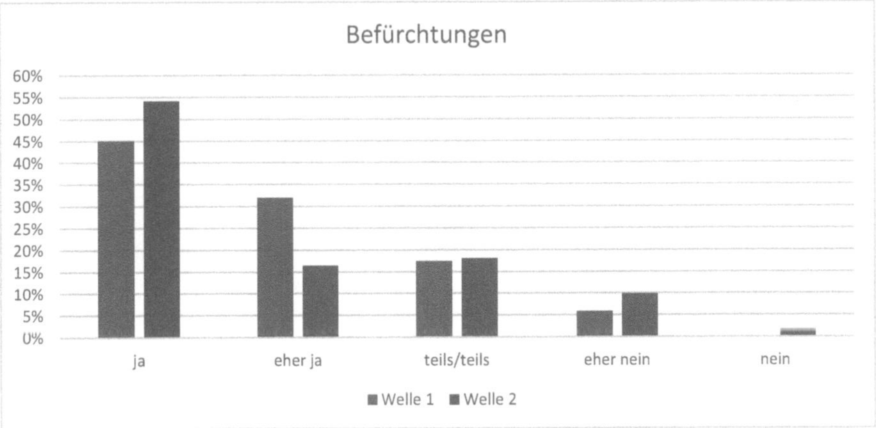

Quelle: Eigene Erhebung

Dennoch gibt es wohl auch Aspekte, die deutlich negativer beurteilt werden. In Abbildung 15 werden die Befürchtungen dargestellt, dass einzelne Personengruppen beim Prozess der Ambulantisierung übergangen werden könnten. In Welle 1 beantworten ca. 45% der Befragten die Frage mit „ja" und ca. 30% mit „eher ja". Zwar gaben in der zweiten Welle deutlich weniger Personen „eher ja" an und etwas mehr „eher nein" und „nein", dennoch entschieden sich fast 55% in der zweiten Befragung für „ja". Dies zeigt, dass die positiven Einschätzungen und Entwicklungen, die bei den ersten Fragen aufgezeigt werden konnten, mit Skepsis betrachtet werden müssen. Eine mögliche Interpretation dieser Ergebnisse ist, dass Personen die zuvor eher negative Einschätzungen zum Erfolg der Einrichtungen bzw. des Ambulantisierungsprozesses abgaben, dies aufgrund ihrer Erfahrungen mit der Be-nachteiligung bestimmter Personengruppen taten. Anscheinend ist der Erfolg des Projekts nur bei bestimmten Teilgruppen gegeben, während andere Gruppen von diesen Prozessen nicht gleichermaßen profitieren. Dies gilt es bei zukünftigen Umstrukturierungen in diesem

Bereich unbedingt zu beachten, da es Personengruppen zu geben scheint, die bisher nicht von den Maßnahmen profitieren. Welche Gruppen dies sind, auf welche Weise es sie betrifft und welche Lösungsmöglichkeiten es dafür gibt lässt sich besser mit qualitativen Erhebungsmethoden bestimmen.

Abbildung 16: Haben Menschen mit Beeinträchtigung Ihrer Ansicht nach, nach der Beendigung des Ambulatisierungsprozesses, ausreichend Möglichkeiten, ihre persönlichen Vorstellungen eines gelingenden Lebens zu realisieren?

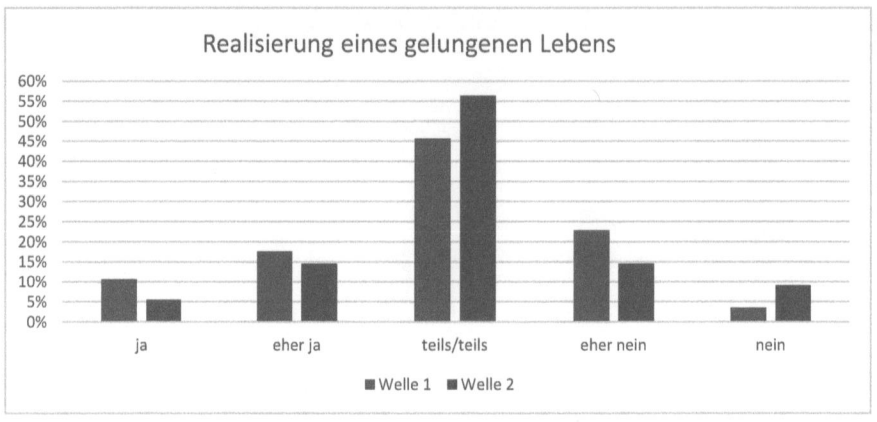

Quelle: Eigene Erhebung

Auch Abbildung 16 zeigt ebenfalls eine etwas negativere Einschätzung, wenn auch weniger deutlich als zuvor. Die meisten Befragten sind sich nicht sicher, ob Menschen mit Beeinträchtigung nach der Beendigung des Ambulantisierungsprozesses ausreichend Möglichkeiten zur Realisierung eines nach ihren persönlichen Vorstellungen gelingenden Lebens haben. Das Verhältnis zwischen negativen und positiven Einschätzungen ist ungefähr gleich und es ist keine wirkliche Tendenz der Befragten über einen positiven oder negativen Effekt erkennbar. Etwas irritierend ist, dass in der zweiten Welle noch mehr Personen bei dieser Frage unentschlossen sind und sowohl positive als auch negative Angaben weniger geworden sind. Ausschließlich die negativste Kategorie kann neben „teils/teils" einen Zuwachs verzeichnen. Dies ist insbesondere deshalb eine wichtige Erkenntnis, da Modellprojekte eigentlich das Ziel haben, Klarheit über den Effekt und Auswirkungen gewisser Prozesse zu liefern. In diesem Fall scheint aber im Verlauf des Projekts mehr Unsicherheit bezüglich dieser Frage entstanden zu sein.

Abbildung 17: Trägt diese Umstrukturierung der Hilfeleistungen im Bereich der Behindertenhilfe eher zu einem Autonomiegewinn oder zu einer erhöhten Belastung der Menschen mit Beeinträchtigung/ihrer Angehörigen bei?

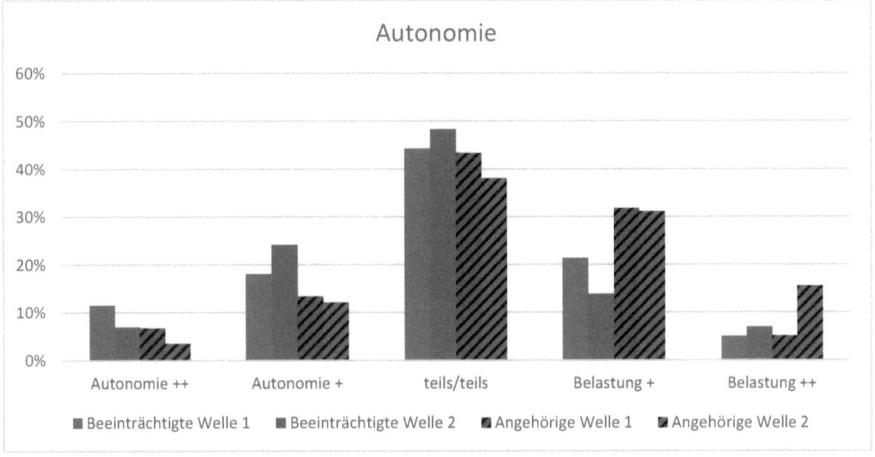

Anmerkung: Autonomie ++ = „mehr Autonomie"/Autonomie + = „eher Autonomie"/Belastung + = „eher Belastung"/Belastung ++ = „mehr Belastung". Nicht gestrichelt = „mehr Autonomie oder Belastung für Beeinträchtigte"/gestrichelt = „mehr Autonomie oder Belastung für Angehörige"

Quelle: Eigene Erhebung

Abschließend zeigt Abbildung 17 das Verhältnis zwischen Autonomie und Belastung. Die Befragten sollten hierbei einschätzen, ob die Umstrukturierung der Hilfeleistungen im Bereich der Behindertenhilfe eher zu einem Autonomiegewinn oder zu einer erhöhten Belastung, einerseits der Menschen mit Beeinträchtigung und andererseits ihrer Angehörigen, führt. Hinsichtlich der Beurteilung der Auswirkungen auf Menschen mit Beeinträchtigung ist wieder eine sehr unentschlossene Einschätzung der Befragten vorzufinden. Dennoch ist in Welle 2 ein leichter Anstieg bei den Kategorien „teils/teils" und „eher Autonomie" zu erkennen, was eine leicht positive Entwicklung über den Verlauf des Projekts darstellt. Bezüglich der Angehörigen ist die Einschätzung allerdings etwas negativer. Zwar ist auch hier die Kategorie „teils/teils" am häufigsten gewählt worden, dennoch gaben deutlich mehr Personen an, dass die Umstrukturierung „eher Belastung" oder „mehr Belastung" der Angehörigen führt. Auch entschieden sich deutlich mehr Befragte in der zweiten Welle für die Antwortkategorie „mehr Belastung", was einen negativen Trend darstellt. Eine mögliche Interpretation wäre, dass die Umstrukturierung zwar zur Autonomie von Menschen mit

ISÖ
Institut für
Sozialökologie

Beeinträchtigung führt, aber für deren Angehörige dadurch ebenfalls eine Mehrbelastung auftritt. Bei der Interpretation dieser Ergebnisse muss allerdings auch auf die Beschaffenheit der Antwortskala hingewiesen werden. Die Teilnehmenden mussten sich zwischen Autonomie und Belastung entscheiden. Es war nicht möglich sowohl eine Erhöhung der Autonomie als auch der Belastung anzugeben. In diesem Fall haben sich die Befragten vermutlich für die neutrale „teils/teils"-Kategorie entschieden. Diese stellt also nicht nur die neutrale Position dar, sondern kann auch extreme Positionen enthalten, bspw. Personen die sowohl mehr Autonomie als auch mehr Belastung vermuten.

Abbildung 18: Wie gut kennen Sie das Projekt?

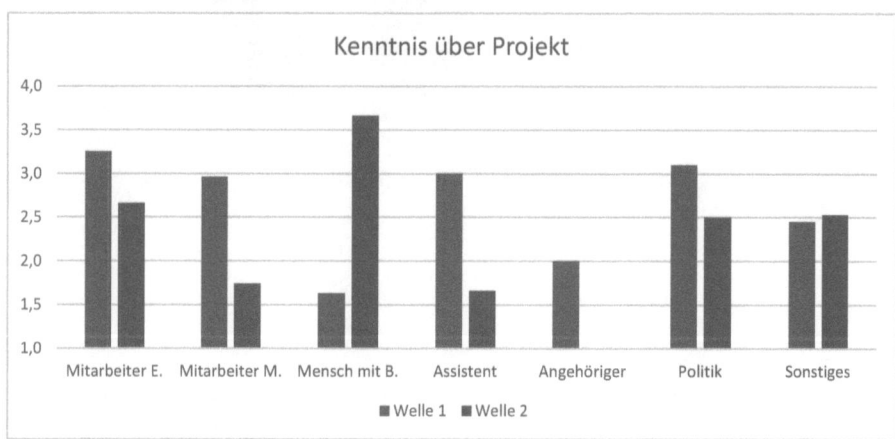

Anmerkung: Mitarbeiter E. = Mitarbeiter einer Einrichtung / Mitarbeiter M = Mitarbeiter einer Modelleinrichtung / Mensch mit B. = Mensch mit Beeinträchtigung. „Ich bin Gestalter des Projekts" = 4 / „Ich betrachte mich als Teil des Projekts" = 3 / „Ich habe mich mit dem Projekt beschäftigt" = 2 / „Ich kenne das Projekt eigentlich kaum" = 1. Darstellung als Mittelwert.

Quelle: Eigene Erhebung

Um die Ergebnisse der zuvor diskutierten Abbildung sinnvoll einordnen zu können, zeigt Abbildung 18 den Kenntnisstand der Befragten bezüglich des Projekts. Hierbei konnte man angeben, ob man GestalterIn des Projekts ist, Teil des Projekts, sich mit dem Projekt schon beschäftigt hat oder das Projekt eigentlich kaum kennt. Zum Vergleich der Gruppen und der Entwicklung zwischen den zwei Wellen bietet sich wiederum wie in der Analyse der „Pen and Paper"-Befragung die Betrachtung der Mittelwerte an. Auf den ersten Blick ist zu erkennen, dass sich das Wissen über das Projekt in Welle 1 nur geringfügig zwischen den verschiedenen Gruppen unterscheidet. Einzig Menschen mit Beeinträchtigung und ihre Angehörigen scheinen einen deutlich geringeren Kenntnisstand über das Projekt zu besitzen. Auffällig ist eine deutliche Veränderung in Welle 2. Im Vergleich zur ersten Welle ist der Kenntnisstand innerhalb aller Gruppen bezüglich des Projekts deutlich geringer, mit der Ausnahme der Menschen mit Beeinträchtigung, die – auch verglichen mit der ersten Welle – den insgesamt höchsten Kenntnisstand aufweisen. MitarbeiterInnen der Modelleinrichtungen und persönliche AssistentInnen scheinen in Welle 2, Menschen mit Beeinträchtigungen und Angehörige in Welle 1 den deutlich niedrigsten Kenntnisstand über das Projekt zu besitzen. Das könnte mehrere Gründe haben. Einerseits könnten Personen mit deutlich besseren Kenntnissen nicht an der Befragung teilgenommen haben. Andererseits könnte aber auch allgemein nicht ausreichend über das Projekt insgesamt oder einzelne Aspekte informiert worden sein, sodass sich selbst beteiligte Personen schlecht über das Projekt informiert fühlen.

3.4 Zusammenfassung und Probleme

Wie lassen sich die Ergebnisse der zuvor dargestellten zwei quantitativen Erhebungen einordnen und welche Probleme sind bei der Interpretation der Ergebnisse zu beachten? Generell lässt sich zur „Pen and Paper"-Befragung der Info- und Fachtage sagen, dass diese sehr positiv aufgenommen wurden. Die Bewertungen sind bei allen Fragen mit Mittelwerten nahe dem Bestwert von 3 eindeutig. Die Personen, die sich nicht für die positive Antwortkategorie entschieden, befanden sich meist in der neutralen Kategorie und fast niemand entschied sich für die negative Antwortkategorie. Dennoch ist hier auf die 3-stufige Antwortkategorie hinzuweisen, was eine genaue Beurteilung der Ergebnisse erschwert. Die Befragten konnten nur angeben, ob sie mit dem jeweils betrachteten Bereich zufrieden waren oder nicht, bzw. unentschlossen sind. Dadurch gibt es nicht die Möglichkeit anzugeben, dass man beispielsweise nur teilweise zufrieden ist und es noch Verbesserungspotential gibt. Ebenfalls sind die zur Verfügung stehenden Fragen nur sehr allgemein und lassen keinerlei Schlüsse auf das Projekt im Allgemeinen zu, da sie nur Informationen zu den Veranstaltungen an sich enthielten. Dies war die Folge der Kürzung der Fragebögen nach dem ersten Infotag.

Bezüglich der Online-Erhebung gibt es ebenfalls einige Probleme, die zu beachten sind. Zwar war die Erhebung bei der Beurteilung der Entwicklung und des Erfolgs des Projekts durch das breitere Antwortspektrum der 5-stufigen Skala und durch spezifischere Fragen deutlich ergiebiger, dennoch ist etwas unklar, inwieweit sich die Stichprobe zu einer tatsächlichen Evaluation des Projekts eignet. Die meisten Befragten gaben an, dass ihr Kenntnisstand bezüglich des Projekts eher gering sei, was eine Beurteilung des Projekts durch diese Personen schwierig macht.

Ebenfalls ist eine Bewertung eines derartigen Projekts rein über quantitative Daten auch mit allgemeinen Problemen behaftet. Quantitative Analysen zeigen nur ein sehr allgemeines Bild und es lassen sich ausschließlich Tendenzen erkennen, aber keine detaillierten Probleme und deren Lösungsmöglichkeiten aufzeigen. Der Bereich der Behindertenhilfe ist ein sehr weites Gebiet. Es gilt viele individuelle Probleme der Menschen zu beachten, die oft sehr unterschiedlich und weder mit standardisierten Methoden zu lösen noch mit solchen ausreichend zu erfassen sind. Dafür genauere und nützlichere Erkenntnisse liefert die Auswertung der qualitativen Daten.

4 Face-to-Face Interviews – Wir lassen die Menschen sprechen

4.1 Entstehung des Erhebungselements

Im Zuge der 2018 notwendig gewordenen Kürzung und Anpassung der an Fach- und Infotagen anzuwendenden Fragebögen blieben einige ursprünglich für diese entworfene Fragen außen vor. Zudem wurde ein Weg gesucht, die Bedürfnisse, Lebenslagen und Sichtweisen der in diesem Projekt direkt betroffenen Menschen mit Beeinträchtigung individueller aufnehmen zu können.[19] Daher wurde im Sommer 2018 beschlossen, das Modul 1
des Evaluationskonzeptes um eine weitere Komponente, die Face-to-Face Interviews, zu
erweitern. Diese persönlichen Befragungen sollten anhand eines strukturierten Leitfadens
geführt werden, aber zugleich die Möglichkeit bieten, Gesprächsräume zu eröffnen. Zielgruppe dieser Methode war die primäre Zielgruppe der Evaluation, die Menschen mit Beeinträchtigung, die in den Modelleinrichtungen lebten und/oder leben. Ein entsprechender
Fragenkatalog wurde bis zum Herbst 2018 entwickelt. Er umfasste neben allgemeinen Fragen zur Kenntnis und Bedeutung des Modellprojekts direkte Fragen zu den Lebensbereichen Wohnen, Freizeit und Arbeit und den darin festgestellten Veränderungen und Entwicklungen. Dieser Fokus gründete sich in der Übernahme der aus den Experteninterviews entwickelten Fragestellungen, die aus dem quantitativen Fachtagfragebogen auf Grund ihrer
Komplexität gestrichen worden waren. Von der persönlichen Interaktion wurde zudem ein
ungezwungener und offener Blick auf die Lebenssituation, die alltäglichen und nicht alltäglichen Sorgen der Menschen erhofft. Die gewählte Methode erlaubte zudem die Erläuterung von Fragen, die direkte Reaktion und Nachfrage auf Antworten und schaffte außerdem Raum für komplexere Fragenzusammenhänge.

Der Fragebogen wurde in einfacher Sprache verfasst und während des Interviews hän-
disch von der interviewenden Person mit Notizen gefüllt. Von einer Audioaufnahme und

---

[19] In der Konzeption des ISÖ zur Evaluation (abgedruckt in Opielka/Wißkirchen 2019, Anlage 1b, Fußnote 3) waren Fallanalysen
durch Studierende im Rahmen von Qualifikationsarbeiten (Bachelor, Master, Forschungs- und Entwicklungsprojekte) als
Möglichkeit vorgesehen. Zwar fanden sich in der Projektlaufzeit einzelne Studierende der Ernst-Abbe-Hochschule Jena, die
die Mitwirkung im Forschungsteam erwogen, es kam jedoch keine feste Mitarbeit zustande. Für die Projektleitung war dies
keine neue Erfahrung, Forschungsprojekte und im besonderen Evaluationsprojekte können nicht fest mit Studierenden kal-
kulieren.

Institut für
Sozialökologie

anschließender Transkription der Interviews wurde aus verschiedenen Gründen Abstand genommen. Zum einen auf Grund des sehr hohen zeitlichen Aufwands, der mit der Transkription von Interviews einhergeht und zum anderen wäre für eine Aufnahme und Transkription des Interviews die Zustimmung einer eventuell gesetzlich betreuenden Person notwendig geworden. Beides hätte die sehr begrenzten Kapazitäten der Evaluation weit überstiegen. Zusätzlich wurde vom Verzicht auf Aufnahmegeräte und Transkription erhofft, die Hemmschwelle für einen offenen Austausch zu senken. Die handschriftliche Mitschrift der Antworten wurde mit großer Sorgfalt vorgenommen, kann sich jedoch nicht mit einer Transkription messen. Dies zieht einige Folgen für die Zitation in diesem Textteil nach sich. Die hier verwendeten Zitate sind den Mitschriften der persönlichen Kommunikation mit den entsprechenden InterviewpartnerInnen entnommen und nicht transkribierter Natur.

Ziel war es, fünf Interviews pro Modelleinrichtung zu führen. Als zeitlicher Rahmen wurden 30 bis 45 Minuten pro Interview angesetzt.

4.2   Pretest der Face-to-Face Befragung

Im November 2018 konnte der Fragebogen das erste Mal in einer Einrichtung eingesetzt und erprobt werden. Nach dem Testlauf wurden einzelne Fragen umformuliert und grundlegende Fragen eingefügt, die sich wiederholt in den Gesprächen ergaben, etwa die Frage nach der aktuellen Wohnsituation oder der Arbeitstätigkeit. Der angesetzte Zeitrahmen und das Gesprächssetting wurden durch den Pretest bestätigt. Durch den in den Interviews entstandenen Gesprächsfluss wurden die entworfenen Leitfäden nicht immer in der angesetzten Reihenfolge „abgelesen". Stattdessen wurden die Themengebiete zuweilen der Gesprächsdynamik entsprechend aufgenommen und notiert.

Bereits der Testlauf offenbarte, dass mit den Schwächen und Gefahren dieser Methoden sorgsam umgegangen werden muss und die Interviewführung sehr reflektiert vorzunehmen ist. Die geringe Anonymität birgt je nach Setting die Gefahr sozial erwünschter Antworten. Zugleich ist die Gefahr des Interview-Bias durch die vom Fragebogen unabhängige Gesprächsentwicklung zwischen interviewender und interviewter Person als deutlich erhöht einzuschätzen.

ISÖ
Institut für
Sozialökologie

Insgesamt wurden der entwickelte Fragebogen und seine Anwendung positiv bewertet. Der Fragebogen wurde im Anschluss leicht abgewandelt und zum Einsatz gebracht.

4.3 Kommunikation mit den Einrichtungen

Die im Vorlauf der Interviews notwendige Kommunikation und Absprache mit den Einrichtungen erfolgte über das Projektbüro und verlief sehr unterschiedlich. Während sich ein Träger über näheren Kontakt und Präsenz auch bei ehemaligen BewohnerInnen freute und direkt zu sich für Gespräche einlud, lehnte ein anderer Träger diese zunächst gänzlich ab. Die Durchführung der Interviews war erst nach einem intensiven und wohlwollenden Gespräch von Seiten des Projektbüros mit der entsprechenden Einrichtung möglich. Hierbei wird noch einmal deutlich, wie sensibel die Einrichtungen zuweilen auf Anfragen der evaluativen Begleitung reagierten. Diese Reaktionen kann auf unterschiedliche Gründe zurückgeführt werden. Zum einen wird der mit den Interviews verbundene Mehraufwand, vor dem Hintergrund knapper Ressourcen, kritisch gesehen. Zum anderen war spürbar, dass die Evaluationsarbeit nicht immer als Teil der Projektarbeit angenommen und eingeschätzt wurde, weshalb ein damit einhergehender Mehraufwand immer kritischer betrachtet wurde. Zuletzt ist anzumerken, dass nicht endgültig geklärt werden konnte, ob nicht auch das Bieten von Einblicken in die aktuellen Tagesstrukturen, Geschehnisse und Meinungen der KlientInnen gescheut wurde.

Wesentlich und bemerkenswert an der Suche nach InterviewpartnerInnen war zudem, dass diese deutlich komplizierter verlief, als dies noch zu Beginn des Projekts der Fall gewesen wäre. Die ehemaligen BewohnerInnen der einzelnen Einrichtungen waren durch die Ambulantisierung nicht weiter jederzeit über Betreuende zu erreichen und nach der Erklärung zur Interviewbereitschaft mussten Termine zum Besuch über Umwege vereinbart und kommuniziert werden, zumeist ohne, dass ein Telefon- oder E-Mailkontakt zur Verfügung stand.

4.4 Interviewsetting und Schwierigkeiten

Die Interviews fanden jeweils in den Einrichtungen oder in den Wohngemeinschaften der befragten Personen statt. Neben der Interviewerin und der oder dem Befragten war auch immer eine im Projektbüro tätige Person vor Ort und saß zumeist mit am Tisch. Die Anwesenheit einer bekannten Person nahm vielen Befragten die Nervosität. Die räumlichen Gegebenheiten, die für die Interviews bereitgestellt wurden, waren sehr unterschiedlich. Einige Interviews wurden in den Küchen der Wohngemeinschaften geführt, in die hin und wieder Betreuende, MitbewohnerInnen und allgemein Interessierte hineinschauten, einige in ruhigen Einzelräumen, einige in einem Aufenthaltsraum, den nur eine Glastür von einem Ruheraum trennte, in dem sich einige andere BesucherInnen aufhielten. Wieder andere in einem offenen Aufenthaltsbereich, der zeitgleich von anderen Personen für verschiedene Aktivitäten genutzt wurde. Die unterschiedlichen Gegebenheiten vor Ort ließen keine andere Option offen. Bei mehreren Interviews saßen Mitarbeitende oder Leitungspersonen der entsprechenden Einrichtung im nahen Umfeld. Die befragten Personen gingen damit sehr unterschiedlich um.

Neben den bereits genannten Schwierigkeiten des Interviewsettings traten unterschiedliche weitere Schwierigkeiten während der Interviews auf. Zum einen erschwerten die unterschiedlichen Fähig- und Fertigkeiten die Interaktion und Kommunikation in bestimmten Bereichen. Zum anderen war für einige die Einschätzung von Zeitverläufen (Frage nach „vor zwei Jahren") schwierig, während teilweise im Fragebogen verwendete Begrifflichkeiten wie etwa „Projekt", „Beteiligung" oder der Begriff der „Teilhabe" nicht zugeordnet werden konnten. Durch die gewählte Methode bestand jederzeit die Möglichkeit, nicht verständliche Begriffe oder Fragen zu erläutern. Diese wurde ausgiebig genutzt.

Als persönliches Verständnis von Teilhabe formulierte eine Person, *„ein Ziel vor Augen haben, und dann gemeinsam dort hin. Teilhaben und tun"*. Dies verdeutlicht die Bedeutung der Fähigkeit, individuelle Bedürfnisse und Wünsche zu formulieren. Die Antworten auf offen gestellte Fragen, wie etwa „Gibt es etwas, was Sie noch gerne in Ihrer Freizeit machen würden?", zeigen auf, wie schwer es den Befragten teilweise fiel, abstrakte Wünsche zu formulieren und über das Gewohnte hinaus kreative Vorstellungen zu entwickeln. So äußerten die meisten sehr realitätsnahe Kleinigkeiten und keine allgemeinen Veränderungswünsche der eigenen Lebensrealitäten in den unterschiedlichen Lebensbereichen Freizeit, Arbeit und Wohnen.

Zudem sorgten die unterschiedlich starke Einbindung der Befragten in das Projekt sowie auch die unterschiedlichen Wirkungen des Projekts auf die einzelnen Personen zu der zusätzlichen Schwierigkeit, die divergierenden Erfahrungen, Eindrücke und Sichtweisen auf das Projekt vor dem Hintergrund der jeweiligen persönlichen Betroffenheit auszuwerten. Insbesondere das Verständnis des Projektbegriffes der Befragten hing stark von ihrer Einbindung in das Projekt und den damit verbundenen Aktivitäten ab. Während der Interviews gaben zwölf Personen an, das Projekt zu kennen, von diesen bestätigten es jedoch acht erst nach der Erläuterung, dass beispielsweise die veranstalteten Infotage ein Teil des Projekts seien. Zwei Personen kannten weder die Infotage noch konnten sie etwas mit dem Projektbegriff in Verbindung setzen. Die Differenz in der Projektkenntnis der Beteiligten ist sehr hoch. So wurde das Projekt von einer befragten Person als Gesetz bezeichnet, während eine andere es als etwas beschrieb, das aufzeigt, wie man alle mitnehmen könne und seine Meinung sagen kann.

Grundsätzlich birgt die Evaluation des Projekts, wie bereits zu Beginn des Berichts erläutert, die Herausforderung, das Projekt mit all seinen umfassenden Maßnahmen von jenen Entwicklungen zu trennen, die aktuell auf Grund der Umsetzung des BTHGs, der Umsetzung des ITPs oder des neuen Landesrahmenvertrags in Thüringen erfolgen. Denn obgleich viele Prozesse gleichzeitig und vernetzt ablaufen, soll die Evaluation möglichst nur durch das Projekt Bedingtes und Entwickeltes evaluieren. Wesentlich für die Evaluation sind daher nicht nur alle durch die Befragten erlebten Veränderungen, sondern auch die Rückführbarkeit dieser auf Prozesse des Projekts. Der Fragebogen erhob daher sowohl Ansichten und Erfahrungswerte, die sich direkt auf das Projekt beziehen, als auch solche über allgemeine Veränderungswahrnehmungen in Bezugnahme auf die unterschiedlichen Lebensbereiche der vergangenen Jahre. Diese unterschiedlichen Wahrnehmungen sind bei der Interpretation zu berücksichtigen.

Trotz der aufgetretenen Schwierigkeiten in Setting, Kommunikation, Zeitverständnis und Kenntnisstand über das Projekt konnte das Ziel der Interviews erreicht werden, einen Einblick in die Lebensrealität der durch der am Projekt beteiligten Menschen zu erlangen, ihren Sorgen, ihrer Zufriedenheit und ihren Erfahrungen zu gewinnen.

4.5   Auswertung der Interviews

Insgesamt konnten 16 Interviews über einen Zeitraum von einem Jahr geführt werden.

Einrichtung	Termine	Personenzahl
CJD	13.11.2018 (x3 Personen) 11.06.2019 (x3Personen)	6
Bodelschwingh Hof	09.09.2019 (x3 Personen) 29.01.2020 (x2 Personen)	5
LHW	28.11.2019 (x5 Personen)	5

Das Durchschnittsalter der Befragten lag bei 46 Jahren, die Geschlechterverteilung der Befragten war paritätisch.

Auf Grund der geringen Interviewanzahl wird bewusst auf Einzelmarkierungen der Interviews verzichtet, um eine Rückführbarkeit auf Einzelpersonen zu verhindern. So werden auch verschiedene Kontextmarker in den Zitaten durch eine Markierung ersetzt und somit unkenntlich gemacht.

Im Verlauf der meisten Interviews entwickelte sich auf Seiten der Befragten ein großer Redefluss, der ein breites Themenspektrum von der eigenen Lebensgeschichte, der Liebe zur Mutter, Belästigungserfahrungen am Arbeitsplatz bis zu detaillierten Reisewünschen umfasste.

Nur vier Personen kannten das Projekt „Wie macht man Teilhabe?", ohne Hinweise dazu in Anspruch zu nehmen. Viele der Befragten konnten hingegen mit dem Projektbegriff sowie dem Titel des Projekts „Wie macht man Teilhabe?" nichts anfangen. Die befragten Personen hatten jedoch zumeist ein Bild von den Infotagen und setzten diese mit dem Projekt gleich. Die Infotage stellten für sie die Kernelemente des Projekts dar. So kannten 14 von 16 Personen die Infotage für Menschen mit Beeinträchtigung, die im Rahmen des Projekts veranstaltet wurden. Vier Personen gaben an, dass in ihrer Einrichtung viel über das Projekt gesprochen wird. Fünf, dass dies nicht der Fall ist. Zu beachten ist hierbei, dass insbesondere diejenigen, die in den verschiedenen Gremien zum Thema aktiv waren, äußerten, dass die Gespräche über das Projekt sich zumeist auf Gespräche innerhalb ihres Gremiums begrenzten. Denn die *„Gruppe ist phlegmatisch, jeder hat eigene Interessen. Manche wollen, manche wollen nicht"*. Zehn der 16 Befragten waren Mitglieder entsprechender Gremien („Stammtische", „Zirkel" und „AGs"), die sich im Laufe des Projekts zum

ISÖ
Institut für
Sozialökologie

Themenfeld Teilhabe, Empowerment und Partizipation gründeten. Trotz dieser Erfahrungen setzte die Mehrzahl der Befragten das Projekt mit den Infotagen gleich. Die Beteiligungsmöglichkeit und die Möglichkeit der Einbringung eigener Themenvorschläge zu den Veranstaltungen des Projekts wurden sehr positiv bewertet. So gaben fast zwei Drittel der Befragten an, dass sie sich gut einbringen und beteiligen konnten. In den Interviews äußerten einige der Befragten, dass Werbung für die Infotage teilweise nur in entsprechenden (aktiven) Gruppierungen der BesucherInnen erfolgte.

Das Antwortverhalten der Befragten auf die Frage nach ihrem Verständnis von gelungener Teilhabe lässt noch einmal deutlich werden, welche Schwierigkeiten die Abstraktheit der Kernbegriffe des Projekts, Teilhabe und Partizipation, für die Teilhabenden birgt. Die Vielschichtigkeit der Begrifflichkeiten und die damit verbundene Verständnis-Schwierigkeit wird auch in den Erläuterungen des Hurraki Online-Wörterbuchs für Leichte Sprache deutlich: „Auf deutsch [sic!] heißt das Wort [Partizipation]: Teilhaben [...] Mit dem Wort ist gemeint, dass bei einer Entscheidung alle beteiligt werden. Also alle an der Entscheidung teilhaben. Zum Beispiel: Es gibt einen Bürgerentscheid. Die Bürger sollen mit entscheiden. Die Bürger werden partizipiert. Partizipieren und Teilhaben kann auch heißen. Etwas bekommen. Zum Beispiel: Eine Firma macht viel Gewinn. Alle Mitglieder partizipieren von dem Gewinn. Das heißt: Alle Aktionäre bekommen etwas von dem Gewinn ab"[20].

Teilhabe selbst wird erklärt als „ein Wort, das viele Bedeutungen hat. Man sagt auch: bei etwas mitmachen. [...] Genaue Erklärung. Das sind die verschiedenen Bedeutungen: Damit alle Menschen dabei sein können. [...] Ein geplantes Gesetz [...] Geld und Hilfe zum Mitmachen im Arbeitsleben [...] Alle sollen mitbestimmen *Gesellschaftliche Teilhabe - Partizipation*. Wortart: Das Wort Teilhabe ist ein *Substantiv*. Darin sind diese 2 Wörter enthalten: Teil (ein Teil von etwas sein - dazu gehören), Habe (mit dabei sein - bei etwas mit machen)"[21].

Die Begriffe der Teilhabe und Partizipation finden sich in allen Lebensbereichen wieder und bergen in ihren verschiedenen Auslegungen unterschiedliche Anforderungen an die individuelle Aktivität der Personen. Von Mitdabeisein über Mitbestimmen bis zum Mitgestalten. Die Schwierigkeit der Differenzierung dieser Bedeutungsebenen, aber eben auch die individuelle Schwerpunktsetzung, wird in den Äußerungen der Befragten deutlich. So

---

20 https://hurraki.de/wiki/Partizipation

21 https://hurraki.de/wiki/Teilhabe

ISÖ
Institut für
Sozialökologie

zählten drei der Befragten Lebensbereiche und deren Ausgestaltung über den Träger als gelungene Teilhabe auf, zwei bezogen sich in ihren Antworten im Wesentlichen darauf, Dinge mitzuentscheiden, um damit ihre Betreuer zu unterstützen. Vier Personen orientierten sich in ihren Ausführungen an den individuellen Bedürfnissen und Wünschen von Einzelpersonen und stellten deren Verwirklichung in den Vordergrund. Hingegen stellten drei der Befragten die Teilhabe am öffentlichen Leben in den Fokus ihrer Ausführungen. Vier Personen gaben keine konkrete auf das Thema bezogene Antwort. Neben den bereits genannten begrifflichen Schwierigkeiten ist hierbei zu beachten, dass die Frage offen formuliert war und damit zusätzliche Antworthemmnisse enthielt.

Die in den Einrichtungen vorhandenen Unterstützungsangebote wurden in den Interviews sehr positiv bewertet. Die überwiegende Mehrheit der Befragten gab an, dass sie selbst bestimmen können, welche Unterstützung sie erhalten, von wem sie diese erhalten und wann diese getätigt wird. Die Hälfte der Befragten gab an, mit den aktuellen Unterstützungsangeboten zufrieden zu sein, während sich nur eine Person weniger und zwei Personen mehr Unterstützung wünschten (*„wesentlich mehr"*; *„mehr zu den [eigenen] Rechten"*).

Wie bereits bei der ersten Fachtagbefragung festgestellt, ist die Verwendung Leichter Sprache zwar ein Mittel, jedoch nicht immer das optimale Mittel zur Vermittlung von Informationen oder der schriftlichen Abfrage von Eindrücken und Wünschen, da unterschiedliche Beeinträchtigungen die Fähigkeit der Nutzung dieser Sprache verhindern können. Die Frage danach, ob innerhalb der Einrichtungen Informationen in Leichter Sprache vorhanden wären, beantwortete die Hälfte mit ja, während etwa ein Drittel der Befragten nicht wusste, wie sie diese Frage beantworten sollten und eine Person die Frage verneinte. In den Gesprächen wurde erneut deutlich, dass Leichte Sprache nicht für jede und jeden sinnvoll, praktikabel und notwendig ist, jedoch als Konsens akzeptiert wird.

Von den befragten Personen lebten sechs in Wohngemeinschaften, neun allein in eigenen Wohnungen und eine Person bei einer Gastfamilie. Hierbei ist zu betonen, dass zum Zeitpunkt dieser Befragung der Prozess der Ambulantisierung bereits abgeschlossen war. Während fast alle der Befragten angaben, dass sie ihre Bedürfnisse zum Thema Wohnen berücksichtigt sehen und nur eine Person ihre Bedürfnisse nicht berücksichtigt sah, gab die Hälfte der Befragten an, mit ihrer aktuellen Wohnsituation zufrieden zu sein und sich nichts weiter zu wünschen. Ein Viertel tätigte dazu keine Angabe. Auffallend war, dass auf die offene Frage „Wie würden Sie gerne wohnen?" lediglich Aussagen folgten, die sich sehr nahe an der eigenen Lebensrealität orientierten. Während sich eine Person eine andere Wohnform wünschte, formulierte knapp ein Fünftel der Befragten den Wunsch, dass ihre Wohnung oder ihr Zimmer etwas größer sein könnte. In den Interviews erfolgten keine utopischen oder freien Artikulationen von Wünschen und Vorstellungen. Die Bewertungen und Äußerungen der Befragten machen deutlich, dass die Befragten ihre Wünsche und Bedürfnisse der Wohnform berücksichtigt sehen und ihre weiteren Wünsche im Bezug zur Wohnform offenbar als Luxus, nicht jedoch als grundlegenden Veränderungswunsch einstuften. Hierfür ist entweder die Schwierigkeit der Formulierung abstrakter Wünsche ausschlaggebend, oder die Realitätsnähe der Befragten, die auf Grund von Erfahrungen in der Vergangenheit keine utopischen Wünsche mehr formulieren. Etwa nachdem sie feststellen, dass nicht jede Miete übernommen wird und so nicht jede Wohnform realistisch ist.

Knapp ein Fünftel der Befragten gab an, eine auf das Projekt rückführbare Ausweitung der Angebote im Bereich Wohnen über die vergangenen Jahre wahrgenommen zu haben. Ebenso viele gaben an, dass es keine derartige Ausweitung gab. Die Veränderungswahrnehmung zwischen den befragten Personen variierte stark. Eine Tendenz war hierbei nicht festzustellen.

Bei der Frage nach den Freizeitaktivitäten der Befragten fielen die Antworten je nach Einrichtung und Wohnform sehr unterschiedlich aus. Diejenigen, die in eigenen Wohnungen und nicht in Wohngemeinschaften lebten, nannten mehr Freizeitaktivitäten abseits der Sozialträgerlandschaft, während diejenigen, die in Wohngemeinschaften lebten, ihre Aktivitäten stärker an deren Angeboten orientierten. So gab hierbei beispielsweise eine Person an, sie würde gerne Gymnastik in ihrer Freizeit machen, jedoch böte der Träger diese Aktivität nicht an. Auf Nachfrage zu möglichen Gymnastikkursen im Sozialraum antwortete die Person mit *„keine Ahnung"*. Die Möglichkeit der Befriedigung des Wunsches (Gymnastikkurs) wurde nur innerhalb der Einrichtung gesehen. Dennoch gaben etwa zwei Drittel der Interviewten an, das Freizeitangebot in ihrer Umgebung zu kennen. Etwa ein Fünftel gab an, es nicht zu kennen. Eine Person äußerte hierbei, *„ich weiß gar nicht, was ich noch machen kann"*. Herauszustellen ist, dass einige der Befragten angaben, Freizeitangebote in ihrer Umgebung zu kennen, jedoch auf Nachfrage anstelle sozialräumlich näherliegender Angebote diejenigen Angebote nannten, die zwar über die Stadt verteilt, jedoch von unterschiedlichen sozialen Trägern angeboten werden. Das Angebot zur Gestaltung der eigenen Freizeit, sowohl inner- als auch außerhalb des Trägers, wurde von den Befragten größtenteils als über die letzten Jahre konstant eingeschätzt. Einer Angebotssteigerung im Freizeitbereich während des Projektverlaufs stimmte nur eine der befragten Personen zu. Als gewünschte zusätzliche Freizeitaktivität wurde dreimal das Unternehmen einer Reise angegeben, jedoch wurde dieser Wunsch zweimal direkt im Anschluss an die Formulierung des Wunsches mit der Erwähnung mangelnder finanzieller Mittel als unrealistisch abgetan.

Eine deutliche Mehrheit der Befragten war über die unterschiedlichen Arbeits-Formen und die damit offenstehenden Möglichkeiten weitestgehend informiert. Die Hälfte der Befragten gaben an, dass es bei der Wahl ihres Arbeitsplatzes Hindernisse gibt, ein Viertel gab an, solche nicht zu spüren. Dennoch sehen gut zwei Drittel der Befragten ihre Bedürfnisse zur Arbeitsform berücksichtigt. Ebenso gaben zwei Drittel an, dass sie ihre Arbeit glücklich macht. Im Laufe des Projekts hat etwa ein Drittel der Interviewten keine Angebotssteigerung im Bereich Arbeit wahrgenommen, ein Viertel hingegen schon. Eine Person äußerte, dass sie insbesondere seit dem letzten Gespräch mit einer betreuenden Person das Gefühl habe, nun mehr Möglichkeiten in diesem Bereich zu haben.

„Alles was ich will, geht auch"

Auf die Frage, was sie allgemein an Beteiligung hindert, antworteten nur drei Personen mit Verweisen auf gesellschaftliche Vorverurteilung und Ähnliches, während 13 der 16 Befragten Persönliches in den Vordergrund ihrer Ausführungen setzten. So wurde gesagt *„nur ich selbst* [hindere mich]*, es gibt gute Bedingungen"* oder auf die eigenen Ängste und den fehlenden inneren Antrieb verwiesen.

4.6   Finanzielle Barrierefreiheit

Im Verlauf der Gespräche wurde deutlich, dass insbesondere dem Thema der finanziellen Barrieren zur gesellschaftlichen Teilhabe von den Befragten eine große Bedeutung zugemessen wurde. Zwar wurde am Ende des Interviews das Thema der Entlohnung angesprochen, jedoch wurde bereits im vorhergehenden Gesprächsverlauf das Thema Geld von den Befragten mehrfach angebracht. Thematisiert wurde die einschränkende finanzielle Lage der Befragten sowohl in Bezug auf die Wohnsituation als auch in den Bereichen Arbeit und Freizeit. So wurden etwa Vermieterwechsel als *„finanziell schwierig"*, eine Urlaubsreise als *„finanziell nicht möglich"* und die Suche nach einer Nebenjobtätigkeit, die zumindest *„etwas Geld bringt"*, als Hindernis einer Arbeitsaufnahme bezeichnet. Eine Person äußerte, dass sie für ihre Arbeit keinen Lohn erhalte, da ihre Tätigkeit in der WfbM weiterhin ein Praktikum bleiben solle.

Diese und weitere Nennungen der finanziellen Mangellage lassen aufhorchen. Offensichtlich fühlen sich Befragten teilweise auf Grund ihrer finanziellen Situation davon abgehalten, die Dinge zu tun, die sie sich wünschen. An der Erfüllung dieser Bedürfnisse und Wünsche hindert sie zunächst nicht ihre Beeinträchtigung, sondern die mit diesen einhergehenden finanziellen Forderungen. Diese Feststellung ist insbesondere deshalb von Bedeutung, da der gesellschaftliche Diskurs über „wirkliche" und „relative" Armut in unserem Land weiterhin anhält und sich dieser stark mit den unterschiedlichen gesellschaftlichen Teilhabemöglichkeiten sowie -rechten der Menschen auseinandersetzt. Die Bundeszentrale für politische Bildung formuliert darin den Konsens, „dass es auch in reichen europäischen Wohlfahrtsstaaten Arme gibt und ein Mindestmaß an sozialer Sicherung sowie gesellschaftlicher Teilhabe nicht für alle Menschen verwirklicht ist"[22]. Zur finanziellen Lage von Menschen mit geistigen Beeinträchtigungen steht insbesondere eine Pilotstudie des Bundesministeriums für Arbeit und Soziales zur Verfügung (Trescher 2018). Sie benennt finanzielle Barrieren für Menschen mit geistigen Beeinträchtigungen in verschiedensten Lebensbereichen wie etwa Mobilität (ebd., S. 131ff.), der Teilhabe am technologischen Fortschritt (ebd., S. 142f.), Freizeitaktivitäten (ebd., S. 118) und gesunde Nahrungsmittelversorgung (ebd., S. 130). So wird die Gestaltung der eigenen Freizeit gar als „finanzielle Belastung" (ebd., S. 118) formuliert. Die besondere Gefährdung von Menschen mit Beeinträchtigungen zeigt sich auch im „Zweite[n] Teilhabebericht der Bundesregierung über die Lebenslagen von Menschen mit Beeinträchtigungen" (Engels u.a. 2016) aus dem Jahr 2016. Das

---

[22] https://www.bpb.de/apuz/26813/armut-und-soziale-ausgrenzung-im-europaeischen-kontext

Institut für
Sozialökologie

Armutsrisiko von Menschen mit Beeinträchtigung wird hier auf 20% beziffert und liegt damit deutlich über dem Armutsrisiko von Menschen ohne Beeinträchtigung (13%) (ebd., S. 208).

Geld ist daher als zusätzlich limitierender Teilhabefaktor zu verstehen. Viele der Befragten äußerten, dass nicht vorhandenes Geld die Verwirklichung ihre Wünsche einschränke. Die Beeinträchtigung ist daher als Doppelte zu verstehen. Zum einen erschwert die jeweilige Beeinträchtigung, ob geistig, psychisch oder physisch, selbst eine aktive Teilhabe am gesellschaftlichen Leben, zum anderen behindern die häufig damit einhergehenden geringeren finanziellen Mittel eine Teilhabe. Wie in den hier geführten Interviews wahrgenommen, formuliert Trescher, „dass finanzielle Barrieren in ihrer Wirkmächtigkeit einer Vielzahl anderer Barrieren vorgelagert sind" (Trescher 2018, S. 146). Diese Barriere kann durch einen Umbau der Angebote allein nicht abgebaut werden.

Die Befragten gaben an, dass insbesondere seit der Umstrukturierung der Angebote Teilhabe bereits innerhalb des Trägers an finanziellen Anforderungen scheitere. So wird die in Teilen notwendige Selbstfinanzierung der Ausflüge und des Mittagessens vor Ort zum Hindernis. Zwar werde über die Freizeitgestaltung und Fahrten *viel […] gesprochen, kommt aber nichts dabei heraus. Insbesondere seit Ausflüge teilweise selbstfinanziert werden müssen"*.

4.7 Einzelstimmen

Es ist das Merkmal dieser Methode, den Bedürfnissen und Themen der Befragten Rechnung tragen zu können. Dem damit einhergehenden Anspruch, den Befragten Raum zu geben, ihre Sichtweisen und wesentlichen Punkte darzulegen, soll hiermit nachgegangen werden. So werden im Folgenden einzelne Aussagen und Wünsche befragter Personen vorgestellt. Einzige Voraussetzung für die Aufführung in dieser Liste ist, dass Dinge erörtert wurden, die so konkret nicht erfragt wurden, jedoch wesentlich scheinen.

- Antwort auf Frage 11, „Was verstehen Sie unter gelungener Teilhabe": *„In allen Lebensbereichen uneingeschränkt teilnehmen. Was nicht funktioniert, ist die Ambulantisierung. Die Leute haben lebenslang in Wohnheimen verbracht. Es ist nicht so leicht, nicht plausibel und nicht machbar, die Ambulantisierung."*

- Antwort auf Frage 12, „Wir wollen etwas über Teilhabe von Menschen mit Beeinträchtigung erfahren, wen sollen wir fragen?": *„Weiß ich noch nicht. Habe aktuell noch keine Teilhabe und keinen passenden Ansprechpartner. Bin in WfbM, obwohl ich nicht wollte!"*

- Antwort auf Frage 13, „Wie stehen Sie zu einer zusätzlichen Befragung von Angehörigen?": *„Viele finden es nicht mehr gut hier, alte […] hatte mehr Angebote. Jetzt gibt´s nicht mehr so viele Angebote, vielen ist langweilig. Soll sich bald ändern."*

- Antwort auf Frage 14, „Wie stehen Sie zu einer zusätzlichen Befragung von gesetzlichen Betreuern?": *„Gibt solche und solche. Die gesetzlichen Betreuer wurden zu spät in das Projekt eingebunden"*

- Antwort auf Frage 17, „Wünschen Sie sich mehr oder weniger Unterstützung?": *„Kuscheleinheiten, man soll doch ehrlich sein."*

- Antwort auf Frage 22, „Gibt es während dem Projekt mehr Angebote im Bereich Wohnen für Menschen mit Beeinträchtigung?": *„Im BSH[23] sind viele in Einraumwohnungen gezogen; Außenwohngruppen. Ist nicht immer gut, kann man sich sodann auch alleine sein, auf Dauer. Eine Freundin von mir fühlt sich jetzt alleine"; „Der Plan einer eigenen Wohnung stand schon immer, der Ambulantisierungsprozess hat es vereinfacht"; „Ein Vermieterwechsel ist finanziell schwierig, aktuell ist der Wohnungsmarkt schlecht."*

- Antwort auf Frage 34, „Gibt es während dem Projekt mehr Angebote im Bereich Arbeit für Sie?": *„Gibt nicht mehr, die Leute sind voller Vorurteile. Also die Arbeitgeber."*

- Antwort auf Frage 35, „Bei Ihrer Wahl vom Arbeits-Platz gibt es keine Hindernisse.": *„Es wird nicht gefragt was mir gut liegt. Sie wissen es, aber es fehlt dann bei den Vorschlägen. Habe nur eine Arbeitszeit von drei Stunden, damit findet man keinen Job."*

- Antwort auf Frage 36: „Ihre Bedürfnisse zur Arbeits-Form werden berücksichtigt.": *„Ich konnte sagen, in welchem Bereich der Werkstatt ich arbeiten will."* Nachfrage: „Wollten Sie schon mal woanders arbeiten?" *„Da habe ich noch nicht drüber nachgedacht".*

- Antwort auf Frage 38, Bezahlung für Arbeit: *„Könnte mehr sein, ist aber ok. Niedersachsen ist besser im Verdienst, doppelt so hoch. Man solle die Beträge der Bundesländer angleichen."*

- Antworten auf Frage 39, „Was hindert Sie allgemein an der Beteiligung?": *„Die fehlende Anerkennung der Beeinträchtigung, insbesondere auf dem Arbeitsamt. Es heißt immer `könne nicht, wolle nicht…´. Man wird nicht als normaler Mensch behandelt. `Gehören*

---

23   BSH = Bodelschwingh-Hof Mechterstädt e.V., eines der Modellprojekte.

woanders hin`. Es fängt mit dem Amt an. Ich schreibe viele Bewerbungen, kriege aber immer nur Absagen. Das Arbeitsamt überträgt das auch an die Chefs. Kritik will keiner hören. Bringt auch nichts, nur zu reden."

Die Gespräche prägten insbesondere Wünsche nach Nähe und Partnerschaft sowie die Angst vor Vereinsamung. Sie einte, dass eine geringe Einbindung in den sozialen Raum außerhalb der Wohn- und Einrichtungssituation dafür ausschlaggebend zu sein scheint. Neben all diesen Themen, kam immer wieder zur Sprache, dass die gesetzlichen Betreue-rInnen einfach zu wenig Zeit hätten, um dies oder jenes ausführlich mit den entsprechen-den Personen zu besprechen. Vor dem Hintergrund der anstehenden Veränderungen im gesamten Bereich der Eingliederungshilfe ist dieser Zeit- und der dies bestimmende Geld-mangel ein sensibles Thema, das in Zukunft ausschlaggebend für den Erfolg der anste-henden Prozesse sein wird.

Nicht jede und jeder der Befragten stand dem Projekt positiv gegenüber, neben Äußerun-gen wie der oben erwähnten Kritik an der Grundidee des Projekts, Selbstbestimmung und Teilhabe durch Ambulantisierung zu erreichen, trat die Wirklichkeit in die Interviewsettings ein. Während eines in einem Gemeinschaftsraum durchgeführten Interview lief ein ehema-liger Interviewpartner durch den Raum. Dieser war bereits bei seinem Interview durch eine kritische Haltung gegenüber den Entwicklungen aufgefallen. Er klatschte der aktuell inter-viewten Person auf die Schulter und sagte ironisch: *„Hier ist wieder viel los, häh? Jah... das ist Teilhabe"*, drehte sich um und ging weiter. Teilhabe ist ein fluider Vorgang und wird zwischen ironischer Distanzierung und konstruktiver Kritik ihren Platz suchen müssen.

4.8   Einordnung der Ergebnisse

Insgesamt ist festzuhalten, dass die gewählte Befragungsmethode des leitfadengestütz-ten Interviews als großer Zugewinn im Evaluationskonzept zu betrachten ist. Nichtsdes-totrotz überschritt der damit einhergehende notwendige Zeitaufwand die Kapazitäten des ursprünglich angesetzten Evaluationsaufwands bei weitem.

Die angestrebte Zahl von 15 Interviews konnte erreicht werden und die erstrebten Wirkun-gen der eingesetzten Methode ebenso. Der persönliche Kontakt, die relativ offene Ge-sprächsgestaltung und die Möglichkeit, Erklärungen vorzunehmen, trugen dazu bei, einen

ISÖ
Institut für
Sozialökologie

Einblick in die Sichtweisen der Menschen auf das Projekt, ihre aktuellen Bedürfnisse sowie Alltagserfahrungen zu gewinnen. Als nachteilig ist zu bewerten, dass die nicht transkribierte Erfassung der Interviews gewisse Dynamiken im Nachhinein nur schwer aufarbeiten und untersuchen ließ. Der geringe Zeitrahmen ließ dies jedoch nicht zu.

Die abseits des Zeitaufwands und der teilweise ungünstigen Settings aufgetretenen Schwierigkeiten sind solche, die bei der Befragung von Menschen mit unterschiedlichen Beeinträchtigungen stets auftreten können. Im Gegensatz zu anderen Befragungsmethoden bestand bei dieser jedoch die Möglichkeit des Austauschs und der gegenseitigen Erläuterung von Verständnisproblemen. Zu dem entworfenen Fragenkatalog ist anzumerken, dass trotz der gegebenen direkten Kommunikationsmöglichkeit verschiedene Fragen für einige nicht verständlich waren.

So ist vor dem Hintergrund der verwendeten einfachen Sprache in den Fragen, sowie den unterstützend mitgeführten und in Leichter Sprache formulierten Erläuterungen einzelner Begrifflichkeiten wie etwa Teilhabe zu bemerken, dass auch diese Definitionen sehr komplex sind. Hierbei wurde deutlich, dass die in einzelnen Begriffen enthaltene Komplexität und Vieldeutigkeit nicht unbedingt durch die Formulierung in kurzen Sätzen verringert werden kann. Die reine Formulierung in Leichter Sprache heißt nicht, dass etwas leichter verständlich wird. Die Komplexität des Themas Teilhabe und Partizipation bleibt erhalten.

Die mit dem Projekt einhergehenden Anforderungen an die Menschen mit Beeinträchtigung gehen über Alltagskompetenzen hinaus. Es gilt Wünsche und eigene Ziele zu entwickeln, Veränderungen zu verstehen und Beteiligungskompetenzen zu entwickeln. Im Verlauf der Interviews konnte festgestellt werden, dass sich ein erheblicher Teil der Befragten bei Entscheidungen, Wünschen und einer Meinungsbildung zu alltagsfernen Themen unsicher und schnell überfordert fühlt.

Auch die Formulierung individueller Wünsche in den Bereichen Arbeit, Wohnen und Freizeit fiel schwer. So kam während der Gespräche immer wieder das Gefühl auf, dass die Befragten nicht all ihre Optionen und Möglichkeiten im Blick hatten und dass sich ihre Wahl und Ausrichtung in den verschiedenen Lebensbereichen grundlegend an den sie umgebenden und direkt möglichen Aktivitäten und Gegebenheiten orientierten. Personenzentrierte Arbeit jedoch richtet sich an den Wünschen und Zielen der einzelnen Person aus. Es gilt Wünsche und Ziele zu entwickeln, diese zu verfolgen, zu realisieren, im Alltag zu festigen und zu leben. Dieses in der Projektskizze zuoberst formulierte Ziel personenzentrierter Arbeit ist in all seinen Schritten sehr komplex. Viele der Befragten hatten bereits bei der Entwicklung von Wünschen über ihre aktuelle Lebensrealität hinaus, dem ersten Schritt, Schwierigkeiten. Diese Entwicklung, individuelle Ziele und Wünsche zu unterstützen, ist die Aufgabe personenzentriert arbeitender Träger. Doch inwieweit entsteht aus dieser unterstützenden und prozessbegleitenden Tätigkeit Verantwortung? Wie schnell wird aus der Hilfe zur Zielformulierung in advokatorischem Auftrag stellvertretendes Handeln?

Für das Projekt insgesamt ist festzuhalten, dass das Wissen und das Interesse über und an dem Projekt sowie auch die Teilnahme an Veranstaltungen des Projekts innerhalb der Einrichtungen sehr unterschiedlich waren. Einige der Befragten wussten sehr gut über das Projekt und dessen Einfluss auf die eigene Lebenswelt Bescheid, während andere das Projekt und die entsprechenden Veranstaltungen nicht kannten und auch nicht mit ihrem eigenen Leben in Verbindung bringen konnten. Mit dieser Feststellung wird deutlich, dass das Projekt durchaus präsent schien, jedoch den meisten die Wirkung und Bedeutung des Projekts für die eigene Lebensgestaltung nicht bewusst war. Abseits der unterschiedlichsten Beeinträchtigungsformen stellte die Diversität der Interviewten sowohl charakterlich, wie auch politisch unterschiedliche Voraussetzungen für den Interviewverlauf. Die im Verlauf der Interviews geäußerten Wünsche nach etwas größerem Wohnraum, Arbeit im Allgemeinen und etwas mehr Geld zur Freizeitgestaltung sind keine, die sehr variierten oder gar unangemessen erscheinen. Die formulierten Wünsche sind sehr lebens- und realitätsnah und wären häufig durch höhere finanzielle Mittel erzielbar.

Der Einfluss der Interviews auf den Verlauf des Projekts ist als eher gering einzuschätzen, da die Interviews erst Anfang 2020 ausgewertet werden konnten. Jedoch ist herauszustellen, dass die Führung der Interviews und die darauffolgenden Gespräche im Evaluationsteam durchaus Einfluss auf die weiteren Schritte innerhalb der Evaluation hatte.

5 Textanalyse – Wir lassen den Computer sprechen

5.1 Methodisches Vorgehen

Die Methodologie und Grundstruktur der Projektevaluation zeichnen sich durch eine Vielzahl an methodischen Ansätzen und Vorgehensweisen aus. Modul 3 sah eine textanalytische Auswertung aller im Rahmen der Evaluation produzierten maschinenlesbaren Texte vor. Die Auswertung dieser qualitativen Materialien dient primär der Darstellung des zeitlichen Verlaufs des Ambulantisierungsprozesses. Es soll dargestellt und nachvollziehbar werden, inwiefern sich durch das Projekt die Partizipation und Beteiligungsmöglichkeiten von Menschen mit Beeinträchtigung entwickelt haben und welche weiteren Veränderungen darüber hinaus zutage getreten sind. Die qualitativen Materialien sollen „im Hinblick auf Zufriedenheit, Schaffung neuer Beteiligungsstrukturen, Nachhaltigkeit und Verbesserungsvorschläge ausgewertet werden" (ebd., S.12). Ferner sollen sie der Selbstevaluation und -reflexion aller Projektbeteiligten sowie der Erarbeitung eines Handlungsleitfadens zur Umsetzung von best-practice-Modellen dienen (ebd.).

Ein Hinweis zum Textverständnis dieses Teilkapitels ist geboten, da hier die Verlaufsperspektive im Zentrum steht und nicht die diachrone Perspektive bzw. der Querschnitt wie bei allen anderen Erhebungsdarstellungen. Dadurch kann bisweilen der Eindruck einer gewissen Wiederholung bzw. Redundanz entstehen. Dafür lassen sich auch kleinere Entwicklungsschritte aufzeigen und wahrnehmbar machen, sozusagen step-by-step, andererseits aber auch kleinere Rückschritte aufdecken.

Die textanalytische Auswertung relevanter Dokumente begann Ende Oktober 2019 und dauerte bis Anfang März 2020[24]. Herangezogen wurde die einschlägige Software „MaxQDA", die zur Codierung und Analyse qualitativer Materialien geeignet ist. Analysiert wurde nach der Methode der qualitativen Inhaltsanalyse nach Gläser und Laudel (2009), die durch ihr Vorgehen als Mischform der Grounded Theory und der qualitativen Inhaltsanalyse nach Mayring verstanden werden kann. Diese Methodik eignet sich primär zur

---

[24] Diesen Projektteil übernahm im ISÖ-Team Philipp Herbrich, der über Erfahrungen in der textanalytischen Auswertung mit MAXQDA verfügt (dazu Herbrich u.a. 2018).

Analyse von ExpertInneninterviews. Bei dieser Interviewform kommen typischerweise ExpertInnen zu Wort, die den Forschenden den Forschungsgegenstand durch ihre Involviertheit in Situationen und Prozesse rekonstruktiv zugänglich machen (Gläser/Laudel 2009, S. 13). Die ExpertInnen sind demnach Personen, die etwas über den Forschungsgegenstand wissen, da sie selbst in seine jeweiligen Prozesse eingebunden sind. Im Falle unserer Projektevaluation sind dies Personen der primären und sekundären Zielgruppe (Opielka/Wißkirchen 2019, S. 10), also Menschen mit Beeinträchtigung als ExpertInnen ihrer eigenen Lebenswelten sowie Fachkräfte und MultiplikatorInnen, die die Menschen mit Beeinträchtigung im Ambulantisierungsprozess begleiten und beteiligen.

Das analytische Vorgehen wurde umgesetzt, indem Kategorien/Codes eines durch die ForscherInnengruppe zugrunde gelegten Kategoriensystems/Codesystems zu bestimmten Passagen der Texte des qualitativen Materials zugeordnet wurden. Hierdurch wurde das qualitative Material codiert. Die Zuordnung eines Codes zu einer Passage des qualitativen Materials wird als Coding bezeichnet. Die Anzahl der Codings sind nach dem Codierungsprozess auszähl- und interpretierbar.

Zur Bildung unseres Codesystems orientierten wir uns einerseits an den grundlegenden Zielen der Evaluation und andererseits an denen von uns fokussierten Dimensionen zur Messung von Partizipation:

- Veränderung der Mitgestaltungsmöglichkeiten von Menschen mit Beeinträchtigung,
- institutionelle und organisatorische Veränderungen,
- Zufriedenheit im Sinne der „Lebenszufriedenheit", in Bezug auf das Dienstleistungssystem sowie in Bezug auf die prozessuale Beteiligung,
- Definition von Partizipation sowie dessen Ziele und Normative in Bezug auf das Projekt (ebd., S. 9, 11f.).

Die damit verbundenen theoretischen Vorannahmen bildeten zunächst die Grundkategorien als erstes „Suchraster" der Analyse (Gläser/Laudel 2009, S. 204). Durch die sogenannte Extraktion, einer speziellen Form des Codierens nach Gläser und Laudel, zielten wir darauf ab, das Codesystem während der Analyse aufgrund von weiteren für das Forschungsinteresse relevanten Informationen zu erweitern bzw. zu ergänzen. Unter Abgrenzung zum Vorgehen nach Mayring betonen Gläser und Laudel, dass es durch die Extraktion nur erlaubt ist, bestehende Kategorien zu ergänzen, nicht aber zu verwerfen. Durch Rückmeldeschleifen innerhalb der ForscherInnengruppe stellten wir die Intercodier-Reliabilität sowie eine gewisse intersubjektive Objektivität sicher (ebd., S. 204ff., 212).

Aufgrund des vielschichtigen Antwortverhaltens der jeweiligen Zielgruppen kann von einer gewissen Multiperspektivität auf die Projektevaluation ausgegangen werden, die sich auch in der Vielfalt der herangezogenen Dokumente für die Analyse erkennen lässt (Abbildung 19).

Abbildung 19: Eingelesene Dokumente

Nr.	Dokument
1	M1K1 2017-11-15 LIGA-Expert*inneninterview Zusammenfassung
2	M1K4 2019-09-18 Face to Face Befragung
3	M1K3 - Vorort-Begehungsprotokolle\2017-08-18 Ergebnisprotokoll LHW
4	M1K3 - Vorort-Begehungsprotokolle\2017-08-22 Begehungsprotokoll CJD
5	M1K3 - Vorort-Begehungsprotokolle\2017-09-13 Ergebnisprotokoll CJD Abendsprechbrot
6	M1K3 - Vorort-Begehungsprotokolle\2017-09-27 Ergebnisprotokoll BHM Stammtisch
7	M1K3 - Vorort-Begehungsprotokolle\2017-10-25 Begehungsprotokoll BHM
8	M1K3 - Vorort-Begehungsprotokolle\2017-11-15 Evaluationsbogen CJD
9	M1K3 - Vorort-Begehungsprotokolle\2017-11-17 Evaluationsbogen BHM
10	M1K3 - Vorort-Begehungsprotokolle\2017-11-21 Begehung Lebenshilfe Apolda, Interviewleitfaden_PB_
11	M1K3 - Vorort-Begehungsprotokolle\2018-01-23 Evaluationsbogen Januar_hm
12	M1K3 - Vorort-Begehungsprotokolle\2018-01-25 Evaluationsbogen BHM_Diakonie
13	M1K3 - Vorort-Begehungsprotokolle\2018-02-01 Evaluationsbogen Januar_hm
14	M1K3 - Vorort-Begehungsprotokolle\2018-02-08 Evaluationsbogen LHW Januar-Februar_hm
15	M1K3 - Vorort-Begehungsprotokolle\2018-02-22 Evaluationsbogen LHW
16	M1K3 - Vorort-Begehungsprotokolle\2018-03-21 Evaluationsbogen März_hm
17	M1K3 - Vorort-Begehungsprotokolle\2018-04-24 Evaluationsbogen CJD
18	M1K3 - Vorort-Begehungsprotokolle\2018-04-24 Evaluationsbogen CJD_hm
19	M1K3 - Vorort-Begehungsprotokolle\2018-05-23 Evaluationsbogen LHW
20	M1K3 - Vorort-Begehungsprotokolle\2018-06-04 Evaluationsbogen Juni_hm
21	M1K3 - Vorort-Begehungsprotokolle\2018-07-05 Evaluationsbogen BHM_Diakonie
22	M1K3 - Vorort-Begehungsprotokolle\2018-09-03 Evaluationsbogen September_hm
23	M1K3 - Vorort-Begehungsprotokolle\2018-09-13 Evaluationsbogen BHM_Diakonie
24	M1K3 - Vorort-Begehungsprotokolle\2018-09-13-EvaluationsbogenLIGA Projekt_BHM_Diakonie
25	M1K3 - Vorort-Begehungsprotokolle\2018-10-04 Evaluationsbogen BHM_Diakonie
26	M1K3 - Vorort-Begehungsprotokolle\2018-10-05 Evaluationsbogen BHM_Diakonie
27	M1K3 - Vorort-Begehungsprotokolle\2018-10-23 Evaluationsbogen LHW_20181023_ss
28	M1K3 - Vorort-Begehungsprotokolle\2018-10-23 Evaluationsbogen LHW_Parität_ss
29	M1K3 - Vorort-Begehungsprotokolle\2018-11-06 Evaluationsbogen LHW_20181106_hm
30	M1K3 - Vorort-Begehungsprotokolle\2018-11-22 Evaluationsbogen BHM_Diakonie
31	M1K3 - Vorort-Begehungsprotokolle\2018-12-05 Evaluationsbogen BEIRAT SOZIALPLANUNG _ss
32	M1K3 - Vorort-Begehungsprotokolle\2018-12-05 Evaluationsbogen BEIRAT SOZIALPLANUNG_hm
33	M1K3 - Vorort-Begehungsprotokolle\2018-12-06 Evaluationsbogen BHM__ss
34	M1K3 - Vorort-Begehungsprotokolle\2018-12-06 Evaluationsbogen BHM_hm_
35	M1K3 - Vorort-Begehungsprotokolle\2019-02-05 Evaluationsbogen__hm
36	M1K3 - Vorort-Begehungsprotokolle\2019-02-07 Evaluationsbogen _hm
37	M1K3 - Vorort-Begehungsprotokolle\2019-02-12 ABW Beirat__hm
38	M1K3 - Vorort-Begehungsprotokolle\2019-02-19 Landessteuerungsgruppe ITP__hm
39	M1K3 - Vorort-Begehungsprotokolle\2019-02-20 Evaluationsbogen LHW__hm
40	M1K3 - Vorort-Begehungsprotokolle\2019-02-27 ABW Beirat__hm
41	M1K3 - Vorort-Begehungsprotokolle\2019-02-27 Evaluationsbogen CJD_ABW Beirat_Diakonie

42	M1K3 - Vorort-Begehungsprotokolle\2019-03-05 ABW Beirat__hm
43	M1K3 - Vorort-Begehungsprotokolle\2019-03-05 Evaluationsbogen CJD_ABW Beirat_Diakonie
44	M1K3 - Vorort-Begehungsprotokolle\2019-03-12 Evaluationsbogen CJD_ABW Beirat_Diakonie
45	M1K3 - Vorort-Begehungsprotokolle\2019-03-15 Evaluationsbogen LHW_Parität_ss
46	M1K3 - Vorort-Begehungsprotokolle\2019-03-18 LHW__AG Partyzipation_hm
47	M1K3 - Vorort-Begehungsprotokolle\2019-03-20 ABW Beirat__hm
48	M1K3 - Vorort-Begehungsprotokolle\2019-03-27 ABW Beirat__hm
49	M1K3 - Vorort-Begehungsprotokolle\2019-04-02 ABW Beirat__hm
50	M1K3 - Vorort-Begehungsprotokolle\2019-04-06 ABW Café__hm
51	M1K3 - Vorort-Begehungsprotokolle\2019-04-06 Evaluationsbogen CJD_ABW Café_Diakonie
52	M1K3 - Vorort-Begehungsprotokolle\2019-04-10 Evaluationsbogen BHM_Diakonie_ss
53	M1K3 - Vorort-Begehungsprotokolle\2019-05-02 Evaluationsbogen BHM_Diakonie_ss
54	M1K3 - Vorort-Begehungsprotokolle\2019-05-14 Evaluationsbogen CJD_ABW Beirat_Diakonie
55	M1K3 - Vorort-Begehungsprotokolle\2019-05-17 Evaluationsbogen BHM_Diakonie_ss
56	M1K3 - Vorort-Begehungsprotokolle\2019-05-17 Evaluationsbogen LHW_Parität_ss
57	M1K3 - Vorort-Begehungsprotokolle\2019-05-22 Evaluationsbogen CJD_ABW Beirat_Diakonie
58	M1K3 - Vorort-Begehungsprotokolle\2019-06-04 Evaluationsbogen BHM_hm_
59	M1K3 - Vorort-Begehungsprotokolle\2019-06-04 Evaluationsbogen BHM_Diakonie_ss
60	M1K3 - Vorort-Begehungsprotokolle\2019-07-02 Begehungsprotokolle Zuarbeit Zwischenbericht
61	M1K3 - Vorort-Begehungsprotokolle\2019-07-02 Evaluationsbogen BHM_hm_
62	M1K3 - Vorort-Begehungsprotokolle\2019-07-05 Evaluationsbogen LHW__hm
63	M1K3 - Vorort-Begehungsprotokolle\2019-07-32 ABW Beirat__hm
64	M1K3 - Vorort-Begehungsprotokolle\2019-08-06 ABW Beirat__hm
65	M1K3 - Vorort-Begehungsprotokolle\2019-08-06 Evaluationsbogen CJD_ABW Beirat_Diakonie
66	M1K3 - Vorort-Begehungsprotokolle\2019-09-10 Evaluationsbogen CJD_ABW Beirat_Diakonie
67	M1K3 - Vorort-Begehungsprotokolle\2019-10-01 Evaluationsbogen BHM_hm_
68	M1K3 - Vorort-Begehungsprotokolle\2019-10-02 Evaluationsbogen BHM_hm_
69	M1K3 - Vorort-Begehungsprotokolle\2019-10-16 Evaluationsbogen CJD_ABW Beirat_Diakonie
70	M1K3 - Vorort-Begehungsprotokolle\2019-10-19 Evaluationsbogen CJD_ABW Café_Diakonie
71	M1K3 - Vorort-Begehungsprotokolle\2019-10-30 Evaluationsbogen CJD_ABW Beirat_Diakonie
72	M1K3 - Vorort-Begehungsprotokolle\2019-11-05 Evaluationsbogen BHM_hm_
73	M1K3 - Vorort-Begehungsprotokolle\2019-12-06 Evaluationsbogen LHW__hm
74	M1K3 - Vorort-Begehungsprotokolle\2019-12-10 Evaluationsbogen BHM_hm_
75	M1K3 - Vorort-Begehungsprotokolle\2019-12-11 Evaluationsbogen BHM_Diakonie_ss
76	M1K3 - Vorort-Begehungsprotokolle\2020-01-08 Evaluationsbogen BHM_Diakonie_ss
77	M2 - Online Erhebung\2019-03 M2 Offene Fragen Online Befragung 1
78	M3 - Protokolle Quartalstreffen\2017-11-03 Protokoll_1.QT_PAMS__bestätigt
79	M3 - Protokolle Quartalstreffen\2018-03-09 Protokoll_2. Quartalstreffen_bestätigt
80	M3 - Protokolle Quartalstreffen\2018-04-19 Protokoll_3. Quartalstreffen_bestätigt
81	M3 - Protokolle Quartalstreffen\2018-05-04 Protokoll 4. Quartalstreffen__bestätigt
82	M3 - Protokolle Quartalstreffen\2018-07-06 Protokoll 5. Quartalstreffen_bestätigt
83	M3 - Protokolle Quartalstreffen\2018-08-31 Protokoll 6. Quartalstreffen_bestätigt
84	M3 - Protokolle Quartalstreffen\2018-11-13 Protokoll 7. Quartalstreffen_bestätigt
85	M3 - Protokolle Quartalstreffen\2019-02-19 Protokoll 8. QT
86	M3 - Protokolle Quartalstreffen\2019-05-16 Protokoll 9. QT_Kosten des Übergangs
87	M3 - Protokolle Quartalstreffen\2019-09-06 Protokoll 10. QT - Rollenprofile
88	M3 - Protokolle Quartalstreffen\2019-10-25 Protokoll 11. QT
89	M3 - Protokolle Quartalstreffen\2019-11-20 Protokoll 12. QT
90	Contec\2018-08-31 Contec 6. Quartalstreffen Personalentwicklung
91	Contec\06-09-2019 Contec 10. Quartalstreffen Stellenprofile
92	Contec\Übersicht Beiträge Leitfaden Contec-ISÖ
93	Organisatorisches/Sonstiges\2019-06-05 Inhalte der Homepage mit Bildern
94	Organisatorisches/Sonstiges\2019-03-11 Inhalte der Homepage Standardsprache
95	Organisatorisches/Sonstiges\2020-01-10 2. Fachtag für am Projekt Interessierte
96	Organisatorisches/Sonstiges\ 3. Fachtag Arbeit Zeitung
97	Organisatorisches/Sonstiges\2019-11-25 4. Infotag Politische Teilhabe
98	Organisatorisches/Sonstiges\2019-08-08 4. Infotag Politische Teilhabe Standardsprache
99	Organisatorisches/Sonstiges\2019-08-09 4. Fachtag Fachkräfte Zeitung
100	Organisatorisches/Sonstiges\2019-11-22 5. Infotag Freizeit Standardsprache

ISÖ
Institut für
Sozialökologie

101	Organisatorisches/Sonstiges\????-??-?? 5. Zeitung zum 4. Fachtag einblättrig
102	Organisatorisches/Sonstiges\2020-01-09 Mario Hahn - Empowerment, was ist das?
103	Organisatorisches/Sonstiges\2019-12-11 Mario Hahn - Empowerment Workshop
104	Organisatorisches/Sonstiges\????-??-?? Artikel zum 4.FT auf LIGA-Homepage
105	Organisatorisches/Sonstiges\????-??-?? Einladung zum 5. Infotag Freizeit
106	Organisatorisches/Sonstiges\????-??-?? Einladung zum 2. Fachtag
107	Organisatorisches/Sonstiges\????-??-?? Einladung Infotag_gekürzt_LS_final_DIN A3_BHM
108	Organisatorisches/Sonstiges\????-??-?? Einladung und Programm 2. Fachtag
109	Organisatorisches/Sonstiges\????-??-?? Plakat Einladung Infotag_BHM
110	Organisatorisches/Sonstiges\????-??-?? Programm 4. Infotag
111	Organisatorisches/Sonstiges\????-??-?? Programm 5. Infotag
112	Organisatorisches/Sonstiges\????-??-?? Themeninsel 2. Infotage
113	Organisatorisches/Sonstiges\????-??-?? Programm Infotag Freizeit
114	Organisatorisches/Sonstiges\2019-03-29 Ablauf Fachtag politische Teilhabe
115	Organisatorisches/Sonstiges\????-??-?? Projektnachrichten 2. Ausgabe
116	Organisatorisches/Sonstiges\????-??-?? Einladung Infotag Wohnen
117	Organisatorisches/Sonstiges\????-??-?? Einladung Infotag Teilhabe Handzettel
118	Organisatorisches/Sonstiges\????-??-?? Programm 3. Fachtag
119	Organisatorisches/Sonstiges\2018-06-11 Programm Infotag Wohnen
120	Organisatorisches/Sonstiges\2018-06-05 Programm 2. Fachtag
121	Organisatorisches/Sonstiges\????-??-?? Einladung Infotag Arbeit BHM
122	Organisatorisches/Sonstiges\????-??-?? Einladung Infotag Arbeit CJD
123	Organisatorisches/Sonstiges\2018-11-20 Programm Infotag Arbeit
124	Organisatorisches/Sonstiges\????-??-?? Diskussionsrunde
125	Organisatorisches/Sonstiges\????-??-?? Planung Arbeitsgruppen 2019
126	Organisatorisches/Sonstiges\????-??-?? Teilhabe bei Arbeit in den Arbeitsgruppen
127	Organisatorisches/Sonstiges\????-??-?? Evaluation in den Arbeitsgruppen
128	Organisatorisches/Sonstiges\????-??-?? Material LIGA Programm und Aufgaben
129	Organisatorisches/Sonstiges\2018-05-31 Zusatzschreiben zur Einladung

Quelle: Eigene Erhebung

Abbildung 19 zeigt die zur Analyse in MaxQDA eingelesenen Dokumente. Es wurden insgesamt 129 Dokumente eingelesen, die zur Darstellung der Ergebnisse nummeriert wurden. Sie sind, wo es möglich war, nach Datum vorsortiert, sodass der zeitliche Verlauf ersichtlich wird. Anhand der Dateinamen werden Art und Herkunft der Dokumente verdeutlicht.

Dokument Nr. 1 bezeichnet die Zusammenfassung aller der für die Evaluation durchgeführten ExpertInneninterviews mit MitarbeiterInnen und MultiplikatorInnen (M1-K1). Dokument Nr. 2 ist die Zusammenfassung der mit Menschen mit Beeinträchtigung geführten Face-to-Face-Befragung (M1-K4).

Mit 74 Dokumenten (Nr. 3 – Nr. 76) nehmen die Begehungsprotokolle/Vorortbegehungen der Mitarbeitenden des LIGA-Projektbüros in den jeweiligen Modelleinrichtungen (M1-K3) den größten Anteil der berücksichtigten Dokumente ein. Hierzu gehörten auch drei strukturierte Vorgespräche mit den beteiligten Einrichtungen, die vor den Vorort-Begehungen ab 2018 durchgeführt wurden (Dokument Nr. 4, 7, 9). Aufgrund der Anzahl dieser Dokumente stammt auch der Großteil der vergebenen Codings aus den Begehungsprotokollen, nämlich 608 von insgesamt 942 Codings (siehe Abbildung 20).

Abbildung 20: Dokumente und Dokumentengruppen sowie Anzahl der Codings

Dokumente	942
M1K1 2017-11-15 LIGA-Expert*inneninterview Zusammenfassung	78
M1K4 2019-09-18 Face to Face Befragung	47
M1K2 Fachtagsbefragungen	0
M1K3 - Vorort-Begehungsprotokolle	608
M2 - Online Erhebung	142
M3 - Protokolle Quartalstreffen	67
Contec	0
Organisatorisches / Sonstiges	0

Quelle: Eigene Erhebung

In Dokument Nr. 77 ist die Zusammenfassung der offenen Fragen des ersten Online-Fragebogens in die Analyse eingeflossen (M2). In diesem Dokument konnten die meisten Aussagen zum Verständnis zur Partizipation identifiziert werden (siehe Abschnitt 5.2).

Die Dokumente Nr. 78 – 89 dienten der Analyse anhand der Protokolle der bis zur Datenanalyse zwölf durchgeführten Quartalstreffen. Auch die Präsentationen der Firma Contec während der Quartalstreffen sind eingelesen, in der Analyse jedoch nicht berücksichtigt worden (Dokument Nr. 90 – 92) (M3).

Die Dokumente Nr. 93 – 129 bezeichnen eine Sammlung von Dokumenten, die meist im Rahmen der Organisation von Veranstaltungen entstanden sind. Auch sie wurden in das Programm implementiert, jedoch in der Analyse nicht berücksichtigt.

Aufgrund eines Leitfadens während der ExpertInneninterviews und der Face-to-Face-Befragungen sowie der Strukturierung der Evaluationsbögen für die Vorort-Begehungen war es möglich, die evozierten Erzählungen in gewissem Maße zu standardisieren (Helfferich 2011, S. 180). Hierdurch wurde es möglich, trotz der Vielfalt der qualitativen Materialien die dem Forschungsinteresse geltenden Themen „quer" durch alle Dokumente hindurch zu verfolgen (Mayer 2012, S. 43).

Im Prozess der qualitativen Analyse und des Extraktionsprozesses wurde das Codesystem erweitert und verfeinert, sodass sich die empirischen Phänomene des qualitativen

ISÖ
Institut für
Sozialökologie

Materials den entwickelten Codes zuordnen ließen. Dabei sind keine Abgrenzungsschwierigkeiten aufgetreten, weshalb von einer Geeignetheit des Kategoriensystems ausgegangen werden kann (Gläser/Laudel 2009, S. 207).

Abbildung 21: Häufigkeiten der verwendeten Codings

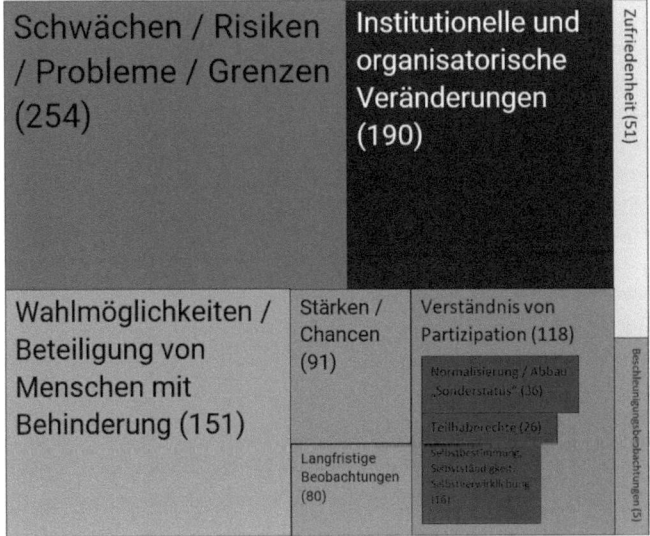

Quelle: Eigene Darstellung in Anlehnung an Herbrich u.a. 2018, S. 71

Abbildung 21 zeigt die Häufigkeiten der hauptsächlich vergebenen Codings sowie deren ungefähre Proportionen. Abbildung 22 zeigt das gesamte Codesystem aus MaxQDA, mit dem das qualitative Material kategorisiert wurde. Der Vergleich der Codings verdeutlicht, dass Aussagen zu den Schwächen, Risiken, Problemen und Grenzen des Projekts bzw. Ambulantisierungsprozesses mit 254 Codings deutlich überproportional oft identifiziert werden konnten. Aussagen zu institutionellen und organisatorischen Veränderungen konnten am zweithäufigsten identifiziert werden.

Abbildung 22: Codesystem aus MaxQDA

Codesystem		942
∨ Verständnis von Partizipation / Normative		15
Freiwilligkeit		7
Vollumfänglichkeit / Allumfassendheit der Advokatorik		6
Fürsorge		1
Empowerment		2
∨ Normalisierung, Abbau von Grenzen und des "Sonderstatus"		16
Liberaler Hintergrund, Reziprozität		4
Perspektivwechsel		8
vs. Leistungen (Assistenz, pers. Budget, Nachteilsausgleich)		8
Chancenorientierung (Chancengleichheit, Teilhabechancen)		9
Selbstbestimmung, Selbstständigkeit, Selbstverwirklichung		16
Teilhaberechte (W&Wahlr.- Mitspr.-, Mitbest., Gleichb.)		26
∨ Zufriedenheit bzgl. Partizipation und Ambulantisierung?		0
bzgl. prozessualer Beteiligung (prozessuale Transparenz)		25
bzgl. Lebenszufriedenheit		7
bzgl. Dienstleistungssystem		19
∨ Kipppunkte / SWOT-Analyse		2
Stärken / Chancen		91
> Schwächen / Risiken / Probleme / Grenzen		254
langfristige Beobachtungen / Effekte		80
Beschleunigungsbeobachtungen		5
institutionelle und organisatorische Veränderungen		190
∨ Wahlmöglichkeiten/Beteiligung von MmB		51
Aufgezeigt durch Fachkräfte (Transparenz)		65
Wahrgenommen und aktiv mitgestaltet		35

Quelle: Eigene Erhebung

Nachfolgend werden zentrale und repräsentierende Aussagen zu den Codes zusammenfassend nachgezeichnet. Die Reihenfolge orientiert sich am dargestellten Codesystem. Die meistvergebenen Codings zu den Stärken und Schwächen, den institutionellen Veränderungen sowie den Beteiligungsmöglichkeiten von Menschen mit Beeinträchtigung wurden größtenteils innerhalb der Vorort-Begehungsprotokolle identifiziert. Daher bietet sich für diese Codes die Darstellung des zeitlichen Verlaufs in Quartalen an. Um eine Rückführung durch einzelne Aussagen auf Einrichtungen oder Personen zu vermeiden, wurde auf genaue Quellenangaben unter den jeweiligen Textteilen und Zitaten verzichtet.

ISÖ
Institut für
Sozialökologie

5.2 Verständnis und Normative zu Partizipation

Wie bereits erwähnt ist festzuhalten, dass die meisten Aussagen zum Verständnis von Partizipation im Dokument Nr. 77, also innerhalb der offenen Fragen der Online-Erhebung, (M2) identifiziert wurden. Im Fragebogen wurde explizit das persönliche Verständnis von Partizipation erfragt und gefragt was für sie gelungene Partizipation kennzeichnet.

Die wichtigsten und repräsentierenden Inhalte dieses Dokuments können mit folgendem Zitat einer befragten Person zusammengefasst werden: *„Menschen, soweit es ihre Beeinträchtigung möglich macht, Teilhabe am Alltag zu ermöglichen. Aber es ist ja so, dass es Grenzen gibt und wir die Räume erweitern müssen, aber beachten, dass es keine Grenzenlosigkeit gibt."*

Das Antwortverhalten der befragten Personen zeigt die Diversität der Sichtweisen. Dies spiegelt sich auch in den recht feingliedrig identifizierbaren Subcodes zur Kategorie. Insgesamt wird deutlich, dass recht allgemeine und idealtypische Partizipations- und Inklusionsbestrebungen benannt werden. Es dürfe *„nichts über Menschen mit Beeinträchtigung ohne Menschen mit Beeinträchtigung"* geschehen. Doch auch kritische Kommentare sowie die Frage nach dem *„wie und wohin inkludieren?"* kamen auf.

Die meisten Codings dieser Kategorie konnten zum Code „Normalisierung, Abbau des Sonderstatus" vergeben werden. Die befragten Personen gaben an, dass Menschen mit Beeinträchtigung als *„normale"* Menschen/*„vollwertige Mitglieder der Gesellschaft"* behandelt werden und ein *„normales"* Leben führen können müssen: Es darf keine gesellschaftlichen Einschränkungen mehr geben. Alle Menschen können an allem teilhaben (*„Vollumfänglichkeit"*), da alle Menschen *„wirklich"* die gleichen Rechte haben. Die Grenzen zwischen Menschen mit und ohne Beeinträchtigung verschwinden und sie bewältigen Dinge gemeinsam. Dazu ist es nötig, dass noch immer vorhandene Barrieren, Vorurteile und Ängste sowohl in der Gesellschaft als auch in den Köpfen der Menschen abgebaut werden. Es muss ein Perspektivwechsel stattfinden, denn Menschen mit Beeinträchtigungen dürfen nicht für ihre Defizite stehen, d. h. Beeinträchtigungen dürfen nicht als *„Charaktereigenschaft"* verstanden werden. Vielmehr wird auf Augenhöhe nach ihren Stärken und Fähigkeiten gefragt. Diese Argumentationslinie könnte den vorangegangenen gesellschaftlichen Diskurs zum erweiterten Behinderungsbegriff im Sinne des neuen Teilhaberechts im SGB IX wider-spiegeln, der Behinderung nicht mehr als Zuschreibung, sondern in Wechselwirkung mit einstellungs- und umweltbedingten Barrieren beschreibt.

Die Forderung nach gleichen Rechten muss demnach auch die Bereiche der (Wohnungs)-Wirtschaft sowie den ersten Arbeitsmarkt betreffen, die Menschen mit Beeinträchtigung als vollwertige KundInnen und BewerberInnen akzeptieren. Menschen mit Beeinträchti-gung sollen nicht in separierte Werkstätten für behinderte Menschen (WfbM)[25], sondern in den ersten Arbeitsmarkt integriert werden. Anhand dessen könnten liberale Hintergrund-annahmen und -normative identifiziert werden: Menschen mit Beeinträchtigung müssten im Rahmen einer gelungenen Teilhabe nicht nur (erweiterte) gesellschaftliche Rechte ha-ben, sondern auch Pflichten. Eine Person gab an, dass Menschen mit Beeinträchtigung Ausgrenzungen erfahren, da sie weniger leistungsfähig sind als andere. Für eine andere befragte Person sind die eigenen Bemühungen der KlientInnen bei der Teilhabe kennzeich-nend. So mag man meinen, dass Menschen mit Beeinträchtigung auch Reziprozitätser-wartungen entgegengebracht werden (sollen). Sollen sie der Gesellschaft etwas zurück-geben?

Gleichwohl spielten Leistungen für Menschen mit Beeinträchtigung im Rahmen von Nor-malisierungsbestrebungen in der Beantwortung der offenen Frage eine nicht unbedeu-tende Rolle. Sie sollen Assistenzleistungen, Nachteilsausgleiche und ein bedarfsgerechtes Budget erhalten. Es soll sich um Hilfen und Leistungen handeln, die notwendig sind, um ein *„normales"* Leben zu führen. Offenbar scheinen Leistungen um der Normalisierung wil-len nötig. Klärungsbedürftig scheint, was genau unter einem „normalen" Leben verstanden wird und ob bestimmte Leistungen den abzubauenden „Sonderstatus" nicht eher unter-streichen.

Weiterhin konnten Aussagen zu den fundamentalen Teilhaberechten sowie zur Unterstrei-chung des „Selbst" von Menschen mit Beeinträchtigung identifiziert werden. Dies meint die Stärkung der Selbstbestimmung, Selbstständigkeit und Selbstverwirklichung. Zu den Teilhaberechten gehören das Wunsch- und Wahlrecht als Wahlfreiheit von Leistungen, das

---

[25] Zum Selbstkonzept der WfbM siehe: https://www.bagwfbm.de/ Die Bezeichnung Werkstatt für behinderte Menschen (WfbM) ist seit dem 1. Juli 2001 durch das Neunte Buch Sozialgesetzbuch (SGB IX) gesetzlich verbindlich in § 136, seit 2018 in § 219 SGB IX geregelt. Der Wikipedia-Eintrag zu WfbM gibt einen guten Überblick über Praxis, Partizipation, Kritik und interna-tionale Entwicklung: https://de.wikipedia.org/wiki/Werkstatt_für_behinderte_Menschen

ISÖ
Institut für
Sozialökologie

Mitsprache- und Mitbestimmungsrecht, die Gleichberechtigung sowie das Beteiligungs-recht. Diese Normative sollen Menschen mit Beeinträchtigung ermöglichen, Hilfe- und Un-terstützungsangebote selbstwirksam anhand ihrer Lebenswelt oder anhand der eigenen Ziele, Wünsche, Bedarfe und Bedürfnisse auszurichten sowie zu entscheiden, wann und wo diese nötig sind. Die Menschen mit Beeinträchtigung sollen „wirklich" gehört werden, damit ihre eigenen Vorstellungen umgesetzt werden können. Die befragten Personen dis-tanzieren sich von paternalistischen Tendenzen: Leistungen dürfen nicht (mehr) bevor-munden und niemals aufgezwungen werden.

Zuletzt konnten Codings in Bezug zur Chancenorientierung identifiziert werden. Befragte Personen wiesen auf den sogenannten Capability-Approach hin, der als Ansatz zur Ver-wirklichung von Chancen geeignet ist. Die Chancengleichheit ist nötig, damit Menschen mit Beeinträchtigung in allen Lebensbereichen partizipieren können.

5.3   Zufriedenheit in Bezug auf Partizipation und Ambulantisierung

Es konnten insgesamt 51 Aussagen zur Zufriedenheit identifiziert werden. Die meisten dieser Codings (29) fanden sich in Dokument Nr. 2, also der Zusammenfassung der Face-to-Face-Befragungen mit Menschen mit Beeinträchtigung. In Dokument Nr. 1, der Zusam-menfassung der ExpertInneninterviews, fanden sich zehn Codings zur Zufriedenheit. Sons-tige vereinzelte Aussagen fanden sich in den Vorort-Begehungsprotokollen (9). Aufgrund der unterschiedlichen Zielgruppen sollen die identifizierten Codes aus den Face-to-Face-Befragungen und den ExpertInneninterviews getrennt beschrieben werden.

5.3.1 Zufriedenheit in den Face-to-Face-Befragungen

Das qualitative Material aus den Face-to-Face-Befragungen verdeutlicht vor allem, welche vermeintlich unscheinbaren Auswirkungen der Ambulantisierung die Zufriedenheit der Menschen mit Beeinträchtigung innerhalb des Dienstleistungssystems beeinflusst. Im vo-rangegangenen Zwischenbericht wurde bereits kritisch angemerkt, dass unter den Men-schen mit Beeinträchtigung ein einheitliches Verständnis zur Intention des Projekts nicht vorlag (Opielka/Wißkirchen 2019, S. 34.). Dies bestätigte auch die Analyse des qualitativen Materials. Einige befragte Personen gaben an, dass sie das Projekt nur teilweise kennen.

Viele hätten wenig Interesse daran oder es werde nur wenig darüber gesprochen. Insgesamt war es schwer zu differenzieren, ob Aussagen explizit zum Projekt oder zum Ambulantisierungsprozess im Allgemeinen getroffen worden sind.[26] Ferner merkte die Interviewende des ISÖ innerhalb des qualitativen Materials an, dass sich befragte Personen vereinzelt schüchtern, zurückhaltend oder sehr nervös zeigten. Auch die Anwesenheit einer Betreuenden schien das Interview im Einzelfall zu erschweren. Offenbar gab es mehrere Faktoren, die es manchen befragten Personen erschwerten, sich frei zu artikulieren.

In Bezug auf die prozessuale Beteiligung kritisierte eine befragte Person bezüglich der Infotage für Menschen mit Beeinträchtigung (ebd., S. 11, 23), dass es sie *„kaputtmache"*, wenn immer andere reden. Sie hätte sich mehr Bewegung gewünscht und wollte nicht nur sitzen. Offenbar fiel es der Person schwer, während der Infotage aufmerksam und aufnahmefähig zu bleiben. Eine weitere Person bekundete ihr Interesse an der Veranstaltung, dennoch hätte sie nichts Neues gelernt. Wiederum andere Personen konnten die Inhalte nicht begreifen, fanden die Veranstaltung zeitlich zu lang oder verspürten gar Langeweile. Eine weitere Person hat sich zurückgehalten und ausschließlich zugehört. Sie hatte Bedenken, etwas Falsches zu sagen oder zu tun. Sie war der Meinung, dass weniger Personen für sie weniger überfordernd gewesen wären. Diese Rückmeldungen werfen Fragen an Methodik und didaktische Ausrichtung der Infotage auf, obgleich diese in den Evaluationsbögen sehr positiv bewertet wurden.

In Bezug auf die Entwicklung und Ermöglichung der Beteiligung von Menschen mit Beeinträchtigung antwortete eine Person, dass diese eher nicht gegeben sei bzw. gleichgeblieben sei. Eine andere Person gab hingegen an, dass die Mitbestimmung insgesamt verbessert wurde, da man sich nun *„verschiedene Sachen"* aussuchen kann. Sie hat das Gefühl, dass es mehr Möglichkeiten der Selbstentscheidung gibt, da Meinungsbilder erfragt werden und man mitsprechen darf. Man kann sich entscheiden. Eine Person äußerte den Wunsch alleine und außerhalb der Einrichtung zu wohnen. Sie war sich dessen bewusst, dass ihr dieser Wunsch auch ermöglicht wird. Eine andere Person hat ein bestimmtes Trainingsangebot abgelehnt, da ihr die Rahmenbedingungen nicht zusagten.

---

[26] Diese Beobachtungen werfen eine grundsätzliche Frage zum Grad der Bekanntheit bzw. zum Verständnis des Projektes bei Menschen mit Beeinträchtigung auf: gab es eine einheitliche Information, ein einheitliches Wording und Vorgehen im Hinblick darauf, Menschen mit Beeinträchtigung über das Projekt und seine Ziele zu informieren? Wenn es dabei, wofür die Beobachtungen des Evaluationsteams sprechen, kein einheitliches und abgestimmtes Vorgehen gab, kann der Bekanntheitsgrad und das Verständnis des Projekts auch kaum einheitlich oder zumindest ähnlich sein.

ISÖ
Institut für
Sozialökologie

In Bezug auf die Lebenszufriedenheit der befragten Personen konnten lediglich vier Codings vergeben werden: Eine Person äußerte sich positiv über die neue Wohnform. Es *„passt alles"* und ist *„gut so"*. Es ist besser als in der ersten Wohngruppe, da nun Mahlzeiten eher eingenommen werden. Eine andere Person unterstrich die Wichtigkeit ihres Taschengeldes. Ein gutes Verhältnis zu den MitarbeiterInnen in den Einrichtungen sowie *„viel Spaß"* wirken sich offenbar nicht unerheblich auf die Zufriedenheit der KlientInnen aus.

5.4 Stärken und Chancen der Ambulantisierung

Der Großteil der Codings zu den Stärken und Chancen der Ambulantisierung wurde in den Vorort-Begehungsprotokollen identifiziert (60). Weitere 25 Codings zur Kategorie wurden in den ExpertInneninterviews vergeben.

Stärken und Chancen in den Vorort-Begehungsprotokollen

Die zu den Stärken und Chancen des Projekts identifizierten Aussagen beziehen sich zusammenfassend betrachtet auf positive strukturelle Auswirkungen sowie auf die Haltung und Motivation der MitarbeiterInnen in den Einrichtungen. Aufgrund der Anzahl der Codings und der Vorort-Begehungsprotokolle bietet sich die Darstellung des zeitlichen Verlaufs in Quartalen an.

Im dritten und vierten Quartal 2017 fanden zunächst strukturierte Vorgespräche in den beteiligten Einrichtungen statt, in denen u.a. erste Beobachtungen und erwünschte positive Auswirkungen der Ambulantisierung besprochen wurden. Es wurde hervorgehoben, dass durch das Projekt *„schwingungsfreie Räume, Mut und Spielraum für Experimente"* gewährt werden. Es werden Transparenz und klare Verhältnisse in den Einrichtungen geschaffen. Angepasste Organisationsstrukturen sowie eine gute Zusammenarbeit mit anderen Trägern, MultiplikatorInnen und ExpertInnengruppen innerhalb der Einrichtungen erhöhen die Projektqualität. Es wird eine andere, erweiterte Haltung implementiert, da Grenzen erweitert und Optionen für KlientInnen erhöht werden. In den Einrichtungen stellt man (daher) bereits fest, dass es einige MitarbeiterInnen gibt, die sich über die neuen Aufgaben im Rahmen der Ambulantisierung freuen und Neugier zeigen. Inklusion solle somit nicht nur als Begriff, sondern als Haltung verstanden werden, um Menschen zum selbstbestimmten Leben zu befähigen. Die Zielvorstellung ist, dass sich KlientInnen aktiv an der

Umgestaltung der Eingliederungshilfe beteiligten und mit den Ergebnissen zufrieden sind. Sie sollen in ihrem täglichen Leben mehr Freiraum zur Ausgestaltung ihrer individuellen Persönlichkeiten erleben. In der Zielgruppe sollen sich *„Synergieeffekte"* entwickeln. Bedeutsam ist der Aufbau von Gremien/Beiräten in den Einrichtungen, in denen KlientInnen selbstorganisiert oder mithilfe der MitarbeiterInnen am Projekt bzw. an Prozessen beteiligt werden.

Ab 2018 fanden die Vorort-Begehungen statt. Im ersten Quartal 2018 werden die Haltungsänderung, das Interesse und Bemühen der MitarbeiterInnen am Projekt positiv hervorgehoben. Dass die KlientInnen eines Trägers an einem Fachtag zur Weiterentwicklung dieser Einrichtung beteiligt worden sind, wird als Zeichen für mehr Beteiligung gedeutet. Die Menschen mit Beeinträchtigung würden nicht mehr vor *„vollendete Tatsachen gestellt werden, sondern vorab beteiligt werden"*.

Im zweiten Quartal 2018 wurde eine Beobachtungen hervorgehoben, die gerade auch in Bezug auf die Analyse der Schwächen, Risiken und Probleme der Ambulantisierung von Bedeutung ist (Abschnitt 5.5): *„Bereiche, in denen Menschen mit Behinderung Vorerfahrungen und Kenntnisse haben, erleichtern die Beteiligung."* So konnten die Menschen mit Beeinträchtigung bei den Themen Wohnen und Arbeiten mitarbeiten, da diese ihre Lebenswelt direkt tangierten.

Im dritten Quartal 2018 wurde daher festgestellt, dass KlientInnen die Frage „wie möchte ich wohnen?" klar beantworten können.

Im vierten Quartal 2018 wurden die Bemühungen und Anstrengungen der Leitung im Rahmen des Projekts hervorgehoben. Ein Fortschritt wurde in der Gründung des Arbeitszirkels gesehen, in dem KlientInnen und MitarbeiterInnen innerhalb der Einrichtung gemeinsam arbeiten. Innerhalb des vierten Quartals 2018 bis in das erste Quartal 2019 hinein wurde mehrfach betont, dass *„alle Bereiche, die die Lebenswelt der Menschen mit Behinderung direkt betreffen, […] für sie leichter zu bearbeiten [sind]. […] Alle Bereiche, mit denen der Mensch mit Behinderung vertraut ist, kann er häufig gut kommentieren."*

Im ersten Quartal 2019 wurde der Umbau der Wohnform innerhalb einer Einrichtung abgeschlossen. Es wurde festgestellt, dass die KlientInnen eigene Mietverträge sowie eigene Schlüssel zu ihren Wohnungen hatten und es keinen klassischen Dienstplan mehr gab. Die

ISÖ
Institut für
Sozialökologie

den Evaluationsbogen ausfüllende Person des LIGA-Projektbüros durfte erst nach Zustimmung des Beirats an dessen Sitzung teilnehmen. Das Protokoll und die Sitzungsleitung wurden von Menschen mit Beeinträchtigung umgesetzt. Während der Sitzung wurde ein Fragebogen zur Zufriedenheit vorgestellt, der vom Gremium geprüft werden sollte. Als positiv erachtet wurden die vielfältigen Maßnahmen zur Umsetzung des Projekts und zur Anpassung der eigenen Strukturen und Angebote in der Einrichtung.

Im Übergang vom ersten zum zweiten Quartal 2019 wurde festgestellt, dass die MitarbeiterInnen engagiert, überzeugt, offen und motiviert wirken. Dies trifft auch auf die die Beiratssitzungen begleitenden und unterstützenden MitarbeiterInnen zu.

Im zweiten Quartal 2019 wurde ein großer Fortschritt im Rahmen der Beiratsarbeit verzeichnet. Die erste Informationsveranstaltung im Rahmen der Projektevaluation von Menschen mit Beeinträchtigung für Menschen mit Beeinträchtigung fand statt. Die KlientInnen selbst initiierten diese Veranstaltung aufgrund ihres Informationsbedürfnisses. Zwar war viel Unterstützung seitens der MitarbeiterInnen vonnöten, doch die Durchführung und Umsetzung der Veranstaltung hat das Selbstwertgefühl der Beiratsmitglieder enorm gestärkt.

Weiterhin wurde positiv hervorgehoben, dass die Einbindung und Kooperation der Menschen mit Beeinträchtigung und der MitarbeiterInnen sehr stark sind. Es fanden Austauschtreffen statt. Noch immer waren die Themen Wohnen und Arbeit wichtig für die KlientInnen. Auch wurden bereits Ansätze selbstständigen Handelns eines Gremiums festgestellt. Ideen für Veranstaltungen werden selbstständig eingebracht. Die Beiräte planten eine Sitzung ohne Beisein der MitarbeiterInnen durchzuführen.

Im dritten und vierten Quartal 2019 wurde eine starke Forcierung der Mitbestimmung innerhalb der Beiratstätigkeiten unterstrichen. Es gab viele Angebote, die die Hauptbedürfnisse der KlientInnen deckten. Eine *„ambulantisierende Haltung"* sowie das Agieren und Motivieren der KlientInnen innerhalb der Beiratstätigkeiten durch die MitarbeiterInnen werden als weitere Fortschritte erachtet. Es wird viel Wert auf Beteiligung gelegt.

Einer der letzten Kommentare im vierten Quartal 2019 und ersten Quartal 2020 stimmt ermutigend: *„Teilhabe wird wirklich praktiziert".*

5.5 Schwächen, Risiken, Probleme und Grenzen der Ambulantisierung

Wie bereits erwähnt, wurden Aussagen zu dieser Kategorie überproportional häufig identifiziert. Der Großteil der Codings stammt aus den Vorort-Begehungsprotokollen (176).

Schwächen und Risiken in den Vorort-Begehungsprotokollen

In den strukturierten Vorgesprächen mit den beteiligten Einrichtungen im dritten und vierten Quartal 2017 wurden bereits erste Problemlagen benannt. Gerade bei älteren KollegInnen aus dem stationären Kontext wurde eine recht konservative Haltung beobachtet. Sie wollen bei dem bleiben, wie es ist.

Kritisiert wurden außerdem ein unzureichendes Projektmanagement sowie eine unzureichende Kommunikationsstruktur. Eine Einrichtung fand sich in einer misslichen Lage zwischen LIGA und Land wieder. Der Einrichtung war nicht klar, wer Hauptverantwortliche und weitere Beteiligte des Projekts sind. Durch die LIGA gab es anfangs nur wenig Unterstützung. Das Land/Sozialamt auf der anderen Seite hatte den Druck durch die vorrangig eingenommene Perspektive auf rein fiskalische Aspekte erhöht. Fachliche Aspekte waren zweitrangig. Erste Bemühungen im Rahmen des Projekts scheiterten an knappen zeitlichen Ressourcen. KlientInnen wurden wenig beteiligt an Organisationsprozessen des Unternehmens. Es wurden sehr individuelle Problemlagen der KlientInnen beobachtet, so etwa Zeitmanagementprobleme, die Befürchtung, eine Freizeitaktivität aufgrund finanzieller Probleme aufgeben zu müssen oder fehlende Motivation.

In einer anderen Einrichtung wurde ein Spannungsfeld von Unsicherheit und Neugier unter den MitarbeiterInnen beobachtet. Besonders unter den Nicht-Fachkräften herrschte eine große Unsicherheit. Interessant ist, dass bereits zu Beginn des Projekts seitens einer Einrichtung bemängelt wurde, dass der angesetzte Projektzeitraum nicht ausreichend ist. Die befragte Person beobachtete bereits, dass sich KlientInnen aus den „Schutzräumen" der Wohnheime weniger aktiv in Räten beteiligen. Sie vermutete außerdem, dass im Rahmen der Ambulantisierung des Wohnens insbesondere Menschen mit psychischer Erkrankung nur ungern als MieterInnen gesehen werden würden. Diese Aussage wurde nicht weiter spezifiziert, doch zielte sie höchstwahrscheinlich auf die Kritik gesellschaftlicher Vorurteile ab.

ISÖ
Institut für
Sozialökologie

Die Einrichtung problematisierte recht ausführlich die Haltung der gesetzlichen BetreuerInnen und Angehörigen gegenüber der Ambulantisierung. Sie sprach davon, dass beide Gruppen nur schwer einzubinden sind und lediglich ein durchwachsenes Interesse oder gar eine starke Abneigung gegenüber der Ambulantisierung vorliegt, insbesondere seitens der BetreuerInnen. Für Angehörige würden neue Unsicherheiten bei der Heimplatzsuche entstehen. Auch wurden Widerstände seitens der Angehörigen erwartet, wenn KlientInnen aus den „geschützten Räumen" in die Selbstständigkeit entlassen werden (sollen). Für die gesetzlichen BetreuerInnen stelle die Ambulantisierung eine deutliche Mehrarbeit dar. Daher wurden deutliche Widerstände und Skepsis erwartet, da sich die gesetzlichen BetreuerInnen bereits sorgen, *„[...] dass die Ambulantisierung lediglich eine Sparmaßnahme ist, bei der Geld und Leistungen eingespart werden sollen, anstatt die tatsächlichen Bedarfe der KlientInnen zu ermitteln".* Die Zusammenarbeit mit BetreuerInnen und Angehörigen wurde als größte Herausforderung gesehen.

Zuletzt bedauerte die Einrichtung, wie das Leben der KlientInnen bisher geplant wird. Man konnte die Themen, die die KlientInnen beschäftigen nur schwer erfassen, da nötiges Wissen über die Bedarfe fehlte. Der Horizont der KlientInnen war auf ihr augenblickliches Erleben begrenzt, daher hatte es auch keine Impulse gegeben, etwas daran zu ändern.

Die dritte beteiligte Einrichtung erkannte, dass MitarbeiterInnen aus dem teilstationären und stationären Bereich bzw. Wohnheim nicht mit den Zielen der Ambulantisierung konformgehen. So wird sichtbar, dass die oben erwähnte Neugier und offene Haltung nicht auf alle MitarbeiterInnen zutrifft. Es wurde geplant, zunächst Ängste und Unsicherheiten durch Informationsvermittlung abzubauen. Dies bedurfte zeitlicher Ressourcen. Die Einrichtung betonte mehrmals, womöglich auftretende Schwierigkeiten aufgrund der sehr kostenintensiven Finanzierung. Es hatte keine Finanzierung für die personelle Entwicklung und Umwandlungsprozesse gegeben.

Die Einrichtung kritisierte weiterhin, dass das Modellprojekt nicht hinreichend definiert war. Es fehlten konkrete Vorinformationen zum Projekt. Dass unter den Menschen mit Beeinträchtigung später kein einheitliches Verständnis zur Intention des Projekts vorlag (Opielka/Wißkirchen 2019, S. 34), könnte hierauf zurückzuführen sein. Auch diese Einrichtung nahm Spannungen zwischen Ministerium/Land und LIGA wahr. Die MitarbeiterInnen spürten den Unmut, da sie sich *„zwischen den Stühlen"* stehend wahrnahmen.

Zuletzt hatte auch diese Einrichtung *„die Befürchtung, dass die neuen Regelungen nur eine Sparmaßnahme sind"*. Ferner wurde *„befürchtet, dass Eingliederungshilfemaßnahmen eingespart und KlientInnen mit Pflegeleistungen abgespeist werden"*. So wurde provokativ gefragt, ob die Motivation der Ambulantisierung in der Kostenersparnis liegt.

In den ersten Vorort-Begehungsprotokollen aus dem ersten Quartal 2018 wurde mehrmals festgestellt und betont, *„dass KlientInnen erst zur Teilhabe befähigt werden müssen. Sie hatten nicht die Fähigkeiten, sich zu beteiligen."* Es hatte lediglich klassische Beteiligungsgremien gegeben. Die Themen waren zu komplex und es wurde beobachtet, dass es keine/kaum Beteiligung (im Bereich Wohnen) gab. Auch hatte es keine Ideen zur Beteiligung an der Organisationsentwicklung oder sonstigen strukturellen Prozessen gegeben. Laut Geschäftsführung war in diesem Bereich keine Beteiligung möglich. Dies wurde als Grenze der Beteiligung gesehen. Das Personal arbeite in klassischen Strukturen, so dass neue Aufgaben im Rahmen der Ambulantisierung kaum stattfanden. Ein längerer Stillstand des Projekts wurde wahrgenommen. Teilhabe war nicht strukturiert. Die Realisierung eines neuen Beirates für ambulantes Wohnen scheiterte mehrmals, da eine Interessenvertretung durch die KlientInnen nicht umgesetzt werden konnte. Es war nicht erkennbar, bei welchen Themenkomplexen die KlientInnen tatsächlich eingebunden waren, sodass resümiert wurde, dass die personenzentrierte Weiterentwicklung noch in den Anfängen steckte und dass umfassendes Wissen und Informationen fehlten.

Ähnliches wurden auch im zweiten Quartal 2018 beobachtet: Es lagen lediglich klassische Angebotsstrukturen vor. Es war kaum ersichtlich, ob und wo die Menschen mit Beeinträchtigung eingebunden sind. Beobachtet wurde, dass die *„Beteiligung der KlientInnen bei abstrakten Thematiken nur schwer umsetzbar"* ist, da ihnen *„Kenntnisse und Fähigkeiten fehlen"*. Die Gremienarbeit war unterentwickelt, sodass Teilhabe nicht realisiert wurde und keine Interessenvertretung für die Menschen mit Beeinträchtigung stattfand. Mitbestimmung und Teilhabe war noch immer wenig strukturiert. Die KlientInnen zeigten nur wenig Bewusstsein für Mitbestimmung. Es war eine *„eingeschränkte Selbstständigkeit"* der KlientInnen zu erkennen. Dennoch wurde von ihnen eine gewisse *„Eigeninitiative"* erwartet, so etwa in der Zusammenarbeit mit BezugsbetreuerInnen. Denn aus Sicht des Trägers sollte der Wunsch nach mehr Beteiligung von den KlientInnen selbst geäußert werden. Dabei wurde bemängelt, dass diese Erwartung unrealistisch ist, sofern Eigeninitiative nicht gefördert oder eingefordert wird. So eröffnete sich der Eindruck, dass es ohne Impulse von außen bzw. durch die MitarbeiterInnen kaum Änderungen in den Teilhabeanforderungen geben wird.

Im dritten Quartal 2018 wurde beobachtet, dass Möglichkeiten zur Beteiligung der Menschen mit Beeinträchtigung bei den Themen der Ambulantisierung zur Verfügung standen. Die protokollführende Person des LIGA-Projektbüros kommentierte hierzu, dass „[...] ihre Wahrnehmung mitunter von ihren tatsächlichen Möglichkeiten abweicht". Diese Aussage wurde nicht weiter spezifiziert. Zu vermuten ist, dass auch hier der Bezug zu den fehlenden Fähigkeiten und Kompetenzen der KlientInnen hergestellt wurde. So wird eine „Differenz von Angebot und Nachfrage" deutlich, da Beteiligungsangebote zwar vorhanden waren, jedoch nicht genutzt wurden bzw. genutzt werden konnten. Dies führte dazu, dass Menschen mit Beeinträchtigung teils das Gefühl hatten, ihr Anteil an der Ambulantisierung würde nur als „Alibi" genutzt werden. Dies kann auch als Hinweis auf Unzufriedenheit unter den KlientInnen gelesen werden. Weiterhin wurden Ängste und Unsicherheiten bei den Menschen mit Beeinträchtigung sowie den MitarbeiterInnen aufgrund kursierender Fehlinformationen beobachtet. Auch dies muss als Hinweis auf unzureichende Kommunikationsstrukturen gelesen werden. Insgesamt konnten auch im dritten Quartal 2018 lediglich „klassische" Wohnmöglichkeiten und noch keine hinreichend personenzentrierte Ausrichtung und Unterstützung für die Menschen mit Beeinträchtigung beobachtet werden. In Bezug auf die Kompetenzen der Menschen mit Beeinträchtigung wurde ergänzend festgestellt, dass „Themenbereiche, bei denen der einzelne Mensch mit Behinderung keine Erfahrung oder wenig Kenntnisse hat, [...] schwer zu bearbeiten oder zu begleiten [sind]". Ferner hatte es Probleme in der Entwicklung einer angemessenen Haltung der MitarbeiterInnen gegeben. Sie waren „im Alltag gefangen" und wenig überzeugt von der Grundannahme, dass Personenzentrierung und Empowerment fachliche Unterstützung erfordern. Sie profilierten vielmehr die eigene Verantwortung der Menschen mit Beeinträchtigung, Ziele zu setzen und Teilhabewünsche zu definieren.

Im vierten Quartal 2018 wurden Grenzen in der Auffassungsgabe der Menschen mit Beeinträchtigung wahrgenommen. In den Beteiligungsprozessen wurde noch immer ein hoher Optimierungsbedarf festgestellt. Eine Einrichtung befürchtete den Verlust der Gemeinnützigkeit durch die neuen Wohnangebote, vermutlich, da Unklarheiten über die steuerrechtliche Bewertung von Mietverträgen bestanden. Der größte Bedarf wurde in der Organisationsentwicklung gesehen. Ambulantisierungsbestrebungen wurden als „Zeitfresser"

tituliert, die zusätzlich zum Alltagsgeschäft zu erledigen sind. Auf der anderen Seite wurden *„Bemühungen des Projekts"* und ein *„in die richtige Richtung gehen"* betont. Auch hervorgehoben wurde das personenzentrierte Konzept einer Einrichtung. Welche Bemühungen tatsächlich gemeint waren, wurde nicht genauer spezifiziert. Verwunderlich erschien auch, dass die Entwicklung eines Übergangskonzepts auch Ende 2018 scheinbar noch nicht abgeschlossen war. Daher hatte es lediglich *„zähe Entwicklungen"* gegeben. Dies könnte als Hinweis gedeutet werden, dass bis zu diesem Zeitpunkt noch kaum relevante Wirkungen oder Ergebnisse erzielt werden konnten. Wenig verwunderlich und doch bemerkenswert erscheint daher die Aussage, dass *„es [...] für alle im Projekt beteiligten schwer zu beurteilen [ist], welche Relevanz die Ergebnisse für die Umsetzung des BTHGs durch den Leistungsträger hat"*.

Weiterhin wurde festgestellt, dass die Bereitschaft der MitarbeiterInnen zu den Ambulantisierungsbestrebungen unzureichend war und Menschen mit Beeinträchtigung (wieder) in Krisen gefallen sind. Bemängelt wurde, dass KlientInnen nur ein System kannten und daher kaum eine Vorstellung darüber entwickeln konnten, was anders sein könnte. *„Die Grenzen und Barrieren, auf die sie treffen, sind für sie selbstverständlich und unabänderlich"*. MitarbeiterInnen sahen abstrakte Themen sowie die Motivation und Kompetenzen der Menschen mit Beeinträchtigung, sich umfassend zu beteiligen, als relevante Risiken und Grenzen der Einbindung an.

Im ersten Quartal 2019 wurden noch immer bestehende klassische Angebotsstrukturen eines Trägers beobachtet. Abermals hervorgehoben wurde die Feststellung, dass *„die Beteiligung von Menschen mit Beeinträchtigung schwieriger wird, je abstrakter das Thema für sie ist."* Fragen bzw. Themen, mit denen KlientInnen *„bisher kaum in Kontakt"* kamen, erschienen weiterhin problematisch. Daher hatte es keine weitere Entwicklung bezüglich der Beteiligung der KlientInnen in anderen Themen, etwa der Organisationsentwicklung, gegeben. Noch immer bereitete die Veränderung der Wohnform manchen KlientInnen Unsicherheit und Angst. MitarbeiterInnen fühlten sich durch die Anforderungen zum Teil gegängelt, da kaum Zeit für eine hinreichende Modellerprobung bestand. Abermals wurde Bedarf in der Kompetenzerweiterung der Menschen mit Beeinträchtigung angezeigt. Es wurde als nötig erachtet, dass Selbstbestimmung von KlientInnen erst erlernt und geübt werden muss.

ISÖ
Institut für
Sozialökologie

In Bezug auf die Gremienarbeit in den Einrichtungen wurde häufig hervorgehoben, dass die KlientInnen (noch) enorme Unterstützung und Anleitung durch die MitarbeiterInnen in der Strukturierung und inhaltlichen Gestaltung der Sitzungen benötigen. Aufgrund des Erfahrungsmangels waren sie nicht fähig selbstständig zu arbeiten. Die Disziplin war ausbaufähig. Die Fähigkeit zur Selbstbestimmung der KlientInnen war noch immer unterschiedlich ausgeprägt und doch wurde bereits über den Rückzug der MitarbeiterInnen aus der Gremienarbeit diskutiert. An diesem doch recht verfrühten Vorhaben wurde durch die/den protokollführende/n MitarbeiterIn des LIGA-Projektbüros bereits Kritik geäußert. Die Gremienarbeit schien ohne Unterstützung durch die MitarbeiterInnen noch nicht hinreichend möglich.

Sehr häufig wurden Schwierigkeiten der Finanzierungsstrukturen und Ressourcenmangel (insbesondere Zeit- und Personalmangel) benannt – auch in den nachfolgenden Quartalen. Auch diese Faktoren hatten Ambulantisierungsbestrebungen und somit die Teilhabe offenbar eingeschränkt. Die Kooperation mit Netzwerkpartnern und externen Beteiligten wurde als hinderlich betrachtet. Die schleppende Etablierung der Ambulantisierung wurde bemängelt. Im zweiten Quartal 2019 konnten keine Aussagen dazu getroffen werden, wie gut ein Träger die Bedürfnisse seiner KlientInnen erfüllt. Die Diskussionen innerhalb der Träger über weiterführende Beteiligungsmöglichkeiten der Menschen mit Beeinträchtigung dauerte an. Unsicherheit bestand darüber, ob sie, etwa im Rahmen der Gremienarbeit, angemessen mit vertraulichen Daten und Informationen umgehen könnten. Gefragt wurde, ob eine Schweigepflichterklärung und Unterschrift eines Menschen mit Beeinträchtigung rechtsgültig ist oder ob dieser an einem Bewerbungsgespräch teilnehmen könnte. Die Feststellungen, dass die KlientInnen einen hohen Unterstützungsbedarf haben sowie Bedarfe in der internen Konzept-, Organisations- und Personalentwicklung vorliegen, bestanden unverändert.

Die Findung von geeignetem Wohnraum offenbarte Grenzen. Welche diese waren, wurde nicht weiter präzisiert. Die Haltung des Personals wurde als *„sehr einrichtungszentriert"* und weniger personenzentriert bezeichnet. Noch immer wurde die Notwendigkeit der Haltungsänderung gesehen. Auch Ängste und Unsicherheiten der KlientInnen über die Veränderung der Wohnform bestanden unverändert.

Im dritten und vierten Quartal 2019 bestanden die bereits genannten Schwierigkeiten und Grenzen auch weiterhin. In Bezug auf bestehende Haltungsprobleme der MitarbeiterInnen wurde ergänzend festgestellt, dass sie mit der Bedeutung und den Auswirkungen des BTHGs nicht vertraut sind. Aufgrund des starken Unterstützungsbedarf der Menschen mit Beeinträchtigung wurde ihr eigenständiges Agieren im Rahmen der Beiratsarbeit als unrealistisch bzw. *„nicht vorstellbar"* eingeschätzt. Dies wurde deutlich, da ein Beirat eigenständig eine Sitzung vorbereiten sollte, dies aber nicht geschehen ist, da die Strukturierung durch eine/n MitarbeiterIn fehlte.

Bemängelt wurde außerdem, dass implementierte Teilhabeangebote *„noch nicht so viel in den Sozialraum hinein angeboten"* werden. Eine genauere Beschreibung dieser Aussage erfolgte nicht. Vermutlich bezieht sie sich auf die festgestellte *„Einrichtungszentrierung"*.

Im Rahmen eines stattgefundenen Workshops beschwerten sich einige Menschen mit Beeinträchtigung im Nachhinein, dass *„sie zwar mitsprechen durften, jedoch kein Mitspracherecht hatten"*.

In einem der letzten Kommentare zu den Schwächen und Risiken im Jahr 2020 wurde festgestellt, dass sich *„gerade nur noch sehr weniger Menschen mit Behinderung am Zirkel beteiligen und der Zirkel wieder interessantere Themen finden und anbieten muss, um attraktiver zu werden"*.

5.6 Institutionelle und organisatorische Veränderungen

Von den 190 Codings zu den institutionellen und organisatorischen Veränderungen wurden 151 innerhalb der Vorort-Begehungsprotokolle vergeben. Im gesamten zeitlichen Verlauf wurden dauerhaft Bedarfe der Konzept-, Organisations- und Personalentwicklung festgestellt. Diese lassen sich in folgende Themenbereiche gliedern:

- Konzepte der Personalerweiterung und -qualifizierung sowie Stellenausschreibungen insbesondere mit der Frage nach Mitentscheidungs- und Beteiligungsmöglichkeiten der KlientInnen
- Installation eines Informationsnetzwerks für die Menschen mit Beeinträchtigung

- Installation und Erweiterung der Gremienarbeit von und für Menschen mit Beeinträchtigung insbesondere mit der Frage der Selbstständigkeit der KlientInnen bzw. Ausgliederung der MitarbeiterInnen aus den Gremien

- Personenzentrierte Neudefinition der Fachleistungsstunde hin zur Planungsstunde /Komplexleistung[27]

In den strukturierten Vorgesprächen mit den Einrichtungen im dritten und vierten Quartal 2017 wurden erste organisatorische Veränderungen und weitere Vorhaben zu strukturellen Veränderungen besprochen. Es wurden Dienstberatungen und Auswertungen der Zielführung und Wirkungsorientierung der Ambulantisierung anhand des ITP durchgeführt. Mehrmals wurde betont, dass zusätzliche Vollzeitstellen/Projektstellen geschaffen worden sind, die der Erhöhung der Projektqualität und Entlastung des Personals Rechnung tragen sollten. Steuerungsgruppen mit externen ProjektpartnerInnen wurden einberufen. Weitere Beschreibungen bezogen sich auf die Umstellung der Wohnsituation der KlientInnen durch eigene neue Mitverträge für ambulante Wohngemeinschaften. Diese sollten aus zwei bis drei KlientInnen bestehen und je eine betreuende Person sollte zur Verfügung stehen.

Auch regelmäßige organisationsinterne Informationsveranstaltungen und Workshops mit MitarbeiterInnen wurden geplant und durchgeführt, um offene Fragen oder Unsicherheiten zu klären. Ebenso wurden Weiterbildungen geplant. Das Thema der Ambulantisierung sollte *„intern multipliziert"* werden. Außerdem wurden sogenannte *„institutionalisierte Beteiligungsprozesse"* geplant, die den KlientInnen Raum zur Beteiligung und Diskussion geben sollten.

In Bezug auf Haltungsfragen externer KooperationspartnerInnen bestand der Wunsch, dass sich *„BetreuerInnen zu AssistentInnen"* weiterentwickeln (wollen). Klärungsbedürftig war, *„wie Beteiligungsprozesse wirklich gut zu organisieren sind"*. Auch Unterstützungsbedarfe im betriebswirtschaftlichen und vertraglichen Kontext sowie der Personalentwicklung wurden genannt.

---

[27] Diese Fachdiskussion wurde auch innerhalb der Quartalstreffen identifiziert. Sie könnte anhand der aus dem Betreuungswesen stammenden Agenturtheorie/Principal-Agent-Theory fortgeführt werden. Dabei geht um die essentielle Frage, ob Vertragsbeziehungen zwischen AuftraggeberInnen und AuftragnehmerInnen bzw. ArbeitgeberInnen und ArbeitnehmerInnen *prozess- oder zielorientiert* gestaltet werden. Denn je nach vertraglicher Ausgestaltung würden sich daraus nicht unerhebliche Konsequenzen für den beruflichen Alltag und die Erfüllung vertraglicher Pflichten ergeben (weiterführend dazu Adler 2012, 2015).

Institut für
Sozialökologie

Als Ziele wurden benannt, dass alle MitarbeiterInnen auf den verschiedenen Ebenen über das Vorhaben informiert und involviert sind. Sie sollten *„mitziehen"* und eine angemessene Haltung entwickeln. KlientInnen sollten sich als ExpertInnen (im Rahmen der Beiratsarbeit) beteiligen und Input geben. Dazu sollte es vor allem entsprechende Informations- und Bildungsangebote für die Menschen mit Beeinträchtigung geben, die inklusiv gemeinsam mit den MitarbeiterInnen durchgeführt werden sollten. Informationsqualität und Transparenz wurden als Leitlinien benannt.

Eine Einrichtung äußerte zur Zielvorstellung zum Ende des Projekts: *„2020 sind alle qualifiziert, arbeiten im Rahmen eines neuen Stellenprofils im ambulanten Kontext (Ambulantisierung), haben also eine neue Stellenbeschreibung. Es sind dann alles ambulante Arbeitskräfte"*.

Aus dem LIGA-Modellprojekt sollte insgesamt eine Entlastung für die Träger resultieren, *„so dass nicht jeder Träger allein Dinge durchboxen muss"*. Auch die professionelle Zusammenarbeit der drei Modellträger und die daraus resultierende Verhandlungsmacht stellten Ziele dar.

Innerhalb der ersten Vorort-Begehungen im vierten Quartal 2017 wurde bereits festgestellt, dass die KlientInnen noch nicht bei der Personalauswahl mitentscheiden, die Idee jedoch auf positive Resonanz stieß. In einer Einrichtung war dies bereits der Fall. Erste Informations- und Aufklärungsmaßnahmen für MitarbeiterInnen und KlientInnen fanden statt. Unsicherheiten der MitarbeiterInnen wurden bekanntgemacht und bearbeitet. Die Arbeit an Konzepten zur Kalkulation der sogenannten personenzentrierten Komplexleistung, ein Thüringer Spezifikum, begann.

Im ersten Quartal 2018 wurde beobachtet, dass mit bereits informierten KlientInnen über Möglichkeiten einer neuen Wohnsituation gesprochen wurde. Weitere Informationsveranstaltung für die Menschen mit Beeinträchtigung fanden statt. Verschiedene Gremien wurden gegründet. Im Rahmen der Erarbeitung von Übergangs- bzw. Ambulantisierungskonzepten wurde festgestellt, dass es Änderungen in der Qualifikation des Personals und damit in den Stellenausschreibungen geben muss. Die Haltungsänderung der MitarbeiterInnen wurde strukturell eingeführt.

Im zweiten Quartal 2018 wurde festgestellt, dass die Ambulantisierung im Bereich Wohnen in einer Einrichtung bereits abgeschlossen war. Die BewohnerInnen hatten bereits eigene Mietverträge sowie eigene Zimmer. Weitere Gremien wurden gegründet und die oben genannten Entwicklungsbedarfe wurden erneut festgestellt.

Während in einer Einrichtung die Ambulantisierung des Wohnens bereits abgeschlossen war, wurde im dritten Quartal 2018 in einer anderen Einrichtung noch am Umbau dieses Bereichs sowie an entsprechenden Übergangskonzepten gearbeitet. Das Wohnheim befand sich im Auflösungs- und Umwandlungsprozess. Die KlientInnen sollten die neue Wohnform zunächst kennenlernen. Der „Austausch" zwischen MitarbeiterInnen und Menschen mit Beeinträchtigung rückte erneut ins Bewusstsein. Betont wurde, dass der Träger „neue Wege" erprobt, seine Gremien öffnet und seine bisherigen Strukturen hinterfragt. Welche Wege dies waren, wurde nicht genauer definiert.

Im vierten Quartal 2018 gab es keine neuen Beobachtungen: So wurden erneut die sich im Wandel befindlichen Bereiche des Wohnens und Arbeitens sowie Bedarfe der Haltungsänderung und der Konzept-, Organisations- und Personalentwicklung festgestellt.

Zu Beginn des ersten Quartals 2019 wurden erstmals Beobachtungen zu den Finanzierungsverhandlungen festgehalten. Weiterhin wurde hervorgehoben, dass es in einer Einrichtung eine/n MitarbeiterIn gab, die/der sich „ausschließlich" mit Teilhabe beschäftigte. Obgleich diese Stelle nicht durch das Projekt geschaffen wurde, so ist dies als Beispiel für das ausgeprägte Teilhabebewusstsein des Trägers zu sehen. Diese Beobachtung unterstreicht die oben genannte Problematik, dass Ambulantisierungbestrebungen während des Projektzeitraums oft lediglich als „Nebenaufgabe" wahrgenommen worden sind. In einer Einrichtung wurde, wohl unabhängig vom Projekt, ein Büro für unterstützte Kommunikation aufgebaut, um Informationsstrukturen aufzubauen. Weitere Personalschulungen fanden statt und es wurde über die Schaffung einer zusätzlichen Stelle als KoordinatorIn für Teilhabe beraten. Weiterhin wurden als Maßnahme im Rahmen des Qualitätsmanagements KlientInnenbefragungen durchgeführt.

Im zweiten Quartal 2019 wurde festgestellt, dass der Umbau bzw. die Entwicklungen der Konzept-, Organisations- und Personalentwicklung noch auf keiner Ebene abgeschlossen waren. Die Bedarfe blieben daher unverändert. Beobachtungen zu organisatorischen Veränderungen bezogen sich abermals auf die Gründung weiterer Gremien (z. B. Gesamtbeirat und die im BTHG geforderte „Frauenbeauftragte"), die als *institutionsweiter Prozess der Konzeptentwicklung zu mehr Teilhabe"* verstanden wurde. Es wurde festgestellt, dass es in einer Einrichtung insgesamt 42 Beiräte gegeben hatte. Mit diesen wurde darauf hingearbeitet, dass sich die KlientInnen bald ohne Unterstützung der MitarbeiterInnen treffen können. In Bezug auf die Personalentwicklung wurde betont, dass die Haltungen der MitarbeiterInnen auf die Bedürfnisse der Menschen mit Beeinträchtigung abgestimmt werden sollen. Weitere Gespräche und Schulungen des Personals fanden statt. Im dritten Quartal wurde beobachtet, dass eine Einrichtung eine/n MitarbeiterIn zur Unterstützung aller Gremien und Selbstvertretungen beschäftigt.

Im vierten Quartal 2019 wurde beobachtet, dass eine eigene Stelle zur Unterstützung der Beiräte finanziert wird. Außerdem wurde das bereits vor Projektbeginn gegründete Büro für unterstützende Kommunikation und Leichte Sprache weiter ausgebaut. Die passende Haltung sollte anhand eines neuen Leitbilds in Leichter Sprache verfestigt werden. Weitere Arbeitsplätze als „Inklusionsbetrieb" wurden aufgebaut. Zur MitarbeiterInnengewinnung wurde ein spezieller Raum eingerichtet, in dem der Kontakt zwischen BewerberIn und KlientIn hergestellt wird.

5.7 Beteiligungs- und Wahlmöglichkeiten von Menschen mit Beeinträchtigung

In den Vorort-Begehungsprotokollen wurden 127 Codings zu Beteiligungsmöglichkeiten von Menschen mit Beeinträchtigung identifiziert. Die Codes wurden differenziert zwischen Beteiligungsmöglichkeiten, die den KlientInnen durch die MitarbeiterInnen aufgezeigt worden sind, sowie Beteiligungsmöglichkeiten, die die KlientInnen tatsächlich wahrgenommen und damit Prozesse aktiv mitgestaltet haben. Die exakte Zuordnung von Aussagen zu den beiden Codes war nicht immer eindeutig möglich. Oftmals wurde aus den Aussagen nicht klar ersichtlich, ob eine Beteiligungsmöglichkeit lediglich von MitarbeiterInnen aufgezeigt worden ist, oder ob KlientInnen tatsächlich daran teilnahmen und diese aktiv mitgestalteten.

In den strukturierten Vorgesprächen im dritten und vierten Quartal 2017 wurden erste geplante und bereits bestehende Beteiligungsmöglichkeiten besprochen. In einer Einrichtung wurde bereits zu Beginn eine Verbindung zwischen Haltung und Partizipation gezogen. Die Menschen mit Beeinträchtigung sollten *„nicht mehr als KlientInnen, sondern als KundInnen betrachtet"* werden[28].

Zu Beginn wurden vor allem Beteiligungsmöglichkeiten durch aktuell und künftig stattfindende Informationsveranstaltungen, Fachtage, Workshops und andere Bildungsangebote profiliert. Diese sollten den KlientInnen als Raum dienen, als ExpertInnen ihrer Lebenswelt bereits erste Bedarfslagen oder Unsicherheiten zu kommunizieren. Auch ausführliche Einzelgespräche waren geplant. *„Institutionalisierte Beteiligungsprozesse"* stellten die Beteiligung der KlientInnen u. a. in Ausschüssen, im Heimbeirat, Werkstattrat, Besucherrat der Tagesstätte oder innerhalb eines inklusiven Chors bereits sicher. Die Beiratsarbeit stand im Fokus und sollte noch weiter gestärkt werden. Die Absicht, KlientInnen bei der Einstellung neuer MitarbeiterInnen zu beteiligen, fand bereits zu Beginn Zuspruch. Als wünschenswert wurde die Einbindungen der KlientInnen in *„unternehmensexterne Prozesse"* erachtet. Folgende Ziele der Beteiligungs- und Partizipationsmöglichkeiten wurden formuliert: Die KlientInnen leben nicht mehr in stationären Einrichtungen, sondern in eigenen Wohnungen, und zwar dort, wo sie auch leben wollen. Sie erfahren individuelle Unterstützung in der eigenen Lebenswelt. Im Ergebnis der Ambulantisierung stehen zufriedene KundInnen.

In den strukturierten Vorgesprächen im dritten und vierten Quartal 2017 wurde berichtet, dass im Büro für Leichte Sprache innerhalb einer der Einrichtungen KlientInnen *aktiv* an Übersetzungsaufträgen mitarbeiteten.

Im ersten Quartal 2018 wurden *„klassische Beteiligungsgremien"* zur Informationsvermittlung beobachtet, in denen Bedenken und Ängste der KlientInnen bearbeitet wurden. Informationsveranstaltungen und Gespräche über die Möglichkeit neuer Wohnsituationen fanden statt. Ein/e BewohnerIn einer Einrichtung berichtete von einem gemeinsamen Ausflug ins Kino.

---

[28] Hinter der Kundenorientierung im Sinne des Qualitätsmanagements nach ISO 9000/9001 stünde die Annahme, dass KundInnen Anforderungen und Erwartungen an ein Produkt bzw. an eine Dienstleistung haben, die es zu erfüllen und zu übertreffen gilt. Daraus ergäbe sich wiederum die Notwendigkeit, dass sich die projektbeteiligten Einrichtungen der Anforderungen und Erwartungen, die die KundInnen an ihr Produkt bzw. ihre Dienstleistung haben, bewusstwerden müssen – durch angemessene Partizipationsmöglichkeiten erscheint dieses Vorhaben realistisch.

Institut für
Sozialökologie

Im zweiten Quartal 2018 berichtete die/der protokollführende MitarbeiterIn des LIGA Projektbüros, dass KlientInnen *„bereits viele Angebote auch in ihrem Sozialraum wahrnehmen, einer Tätigkeit nachgehen (Tagesstätte oder Werkstatt)"*. Es hatte bereits viele Aufgaben und Aktivitäten gegeben, die die KlientInnen über den Träger wahrgenommen hatten. Im ersten und zweiten Quartal 2018 wurde ebenso betont, dass die KlientInnen zufrieden in ihren WGs wohnen.

Im dritten Quartal 2018 wurde formuliert, dass es vorgesehen war, dass sich MitarbeiterInnen und Menschen mit Beeinträchtigung bei den verschiedenen Themen zur Ambulantisierung einbringen sollten. Welche Themen gemeint waren und ob dies auch geschehen ist, wurde nicht spezifiziert. Weitere Informationsveranstaltungen, in denen die *„Ambulantisierung besprochen"* wurde, fanden statt. Teilhabe wurde *„angeregt"*. In den Bereichen Wohnen und Arbeiten wurde Beteiligung bereits ermöglicht. Inwiefern dies ermöglicht wurde, wurde nicht genauer spezifiziert.

Im vierten Quartal 2018 bestand die Absicht, dass die KlientInnen die neuen Wohnformen kennenlernen. Teilhabe wurde weiterhin durch Gremien und Arbeitsgruppen *„angeregt"*. Die KlientInnen wurden in die Umwandlungsprozesse *„einbezogen und aufgeklärt"*. Weitere Informationsveranstaltungen fanden statt. MitarbeiterInnen sollten sich direkt mit den KlientInnen austauschen. In einer Einrichtung begannen die KlientInnen ihre eigenen Mitverträge mit dem Vermieter zu unterzeichnen. Es wurde beobachtet, dass die Menschen mit Beeinträchtigung *„bereits verhältnismäßig in die aktuellsten anstehenden Themen einbezogen"* werden. Einen starken Einsatz hatten Karten mit der Aufschrift „Stop! Einfache Sprache" gefunden, die durch die KlientInnen genutzt werden konnten, wenn Verständnisprobleme auftraten.

Im vierten Quartal 2018 wurde außerdem ein Fragebogen in Leichter Sprache zur MitarbeiterInnenbewertung entwickelt, der auch von den KlientInnen ausgefüllt werden sollte. Die KlientInnen hatten sich *aktiv* an der Gestaltung des Fragebogens beteiligt.

Im Übergang auf das erste Quartal 2019 fanden Beteiligungen von KlientInnen in Gremien mit der Geschäftsleitung und in einem Beirat für Sozialplanung statt. Die BewohnerInnen einer Einrichtung hatten nun eigene Mietverträge und Schlüssel zu ihren Wohnungen. Der klassische Dienstplan wich individuellen Terminvereinbarungen. In einer Einrichtung wurden die Umzüge der Klientinnen durchgeführt. Die/Der protokollführende MitarbeiterIn der

ISÖ
Institut für
Sozialökologie

LIGA-Projektbüros äußerte den Wunsch, dass eine Beteiligung der KlientInnen auch im Auswahlverfahren des Personals und der Personalbewertung stattfinden sollte. Dieser Wunsch wurde bis zu diesem Zeitpunkt offenbar noch nicht umgesetzt oder war den Protokollführenden nicht bekannt. Dennoch bestand in einer Einrichtung die Absicht, die Beteiligung der KlientInnen auf verschiedenen Ebenen zu ermöglichen. Daher wurden insgesamt 42 Beteiligungsgremien angeboten.

Innerhalb der Beiratsarbeit wurden im ersten Quartal 2019 die Sitzungsleitung und Protokollführung durch die Menschen mit Beeinträchtigung umgesetzt. Ein Fragebogen zur Zufriedenheit der BewohnerInnen wurde innerhalb der Gremienarbeit geprüft.

Im zweiten Quartal 2019 wurde beobachtet, dass erste Veranstaltungen selbstständig und *aktiv* von KlientInnen für KlientInnen aufgrund ihres Informationsbedürfnisses organisiert wurden. Durch die MitarbeiterInnen wurden die KlientInnen stark in ihrem Wirken und Handeln motiviert und unterstützt. So wurden auch Ideen für weitere Veranstaltung selbstständig von den KlientInnen eingebracht. Die Relevanz der Themen Wohnen und Arbeit war weiterhin hoch. In den Treffen wurden Bedürfnisse, Ängste und Gestaltungsideen der KlientInnen gemeinsam besprochen. Dazu gehörte etwa die Beschriftung der vor den Wohnungen parkenden Dienstfahrzeuge. Diese sollten so (um)gestaltet werden, dass sich die KlientInnen nicht als *„behindert geoutet"* wahrnehmen und somit mögliche Stigmatisierungen verhindern. Auch gab es nun erste Versuche, ein Beiratsmitglied an Bewerbungsgesprächen neuer MitarbeiterInnen teilnehmen zu lassen. Am Veränderungsprozess beteiligten sich gleichermaßen Menschen mit Beeinträchtigung und MitarbeiterInnen.

Auch im dritten Quartal wurde die aktive Gremienarbeit und Beteiligung der Menschen mit Beeinträchtigung an verschiedenen Veranstaltungen (Fachtage, Arbeitstreffen, Klausurtage) positiv hervorgehoben. Der „Change Prozess" wurde gemeinsam mit MitarbeiterInnen, Bereichsleitung oder Vorstand gestaltet. Ein Fragebogen zur Kompetenzanalyse sowie Gestaltung und Aufschrift der Dienstfahrzeuge wurden gemeinsam abgestimmt. Bisherige Schritte wurden reflektiert und ausgewertet. Weitere Bedarfe und Herausforderungen wurden im gemeinsamen Austausch identifiziert. Informationsveranstaltungen für interessierte KlientInnen fanden weiterhin statt. Während eines Gemeindefests sprachen die KlientInnen eine Bundestagsabgeordnete an und konnten diese für ein gemeinsames Gespräch gewinnen.

Im vierten Quartal 2019 wurde eine wertvolle Beobachtung getroffen, die zusammenfassend für die Bestrebungen zur Partizipation der KlientInnen im Rahmen der Ambulantisierung gesehen werden kann: Die KlientInnen wurden *„sicherer […] in ihrem Auftreten und interagieren, wenn sie die Veranstaltungen vorbereiten und zwischendrin Fragen stellen. Sie nehmen mehr und mehr ihre Bedürfnisse wahr und artikulieren diese"*. Eine *„Beiratssitzung war sehr frei von den Menschen mit Behinderung strukturiert. Sie konnten ihre Ideen und Anmerkungen einbringen. MitarbeiterInnen gaben etwas Struktur [vor]. Ein komplett eigenständiges Agieren der Beiräte/Menschen mit Behinderung ist weiterhin noch nicht vorstellbar, zeigt aber Fortschritte"*. Die Beiräte sprachen selbstbewusst, was sie selbst innerhalb des Trägers bewegt haben. Auch wurde seitens der KlientInnen Kritik geäußert. Dies zeigt, dass Teilhabe *„wirklich"* praktiziert und die KlientInnen empowert wurden.

Innerhalb letzter Beobachtungen im ersten Quartal 2020 wurde deutlich, dass sich weniger KlientInnen an der Beiratsarbeit beteiligen. Ein/e KlientIn hatte verdeutlicht, dass sie/er sich mehr Teilhabe im Bereich der Bildung wünscht. Auch diese Beobachtung untermauert die Annahme, dass die KlientInnen im zeitlichen Verlauf lernten, sich aktiv einzubringen und Bedarfslagen zu formulieren.

5.8 Langfristige Beobachtungen und Zusammenfassung

Ab 2019 wurden sich wiederholende Beobachtungen aus den Vorort-Begehungsprotokollen den langfristigen Beobachtungen zugeordnet. Es gab 80 Codierungen, die als Zusammenfassung aller Beobachtungen gelesen werden können.

Langfristige Beobachtungen des methodischen Vorgehens

Alle langfristigen Beobachtungen müssen zunächst im Zusammenhang mit dem methodischen Vorgehen der Begehungsprotokolle diskutiert werden. Bereits in den strukturierten Vorgesprächen zu Beginn der Vorort-Begehungen wurden kritische Anmerkungen zum Projektmanagement laut. Zu Beginn des Projekts bestand eine relative Ungewissheit über den Forschungsgegenstand sowie die Kommunikations- und Kooperationsstruktur. Es entsteht der Eindruck, dass auch während des Projektzeitraums kein gemeinsames Verständnis von Partizipation und Teilhabe entwickelt werden konnte, sondern individuellen

ISÖ
Institut für
Sozialökologie

Interpretationen überlassen wurde. Dies eröffnet Fragen an die erste Phase der Projekt-konzeption. Eine exakte Definition der Untersuchungsgegenstände, also was die Begriffe „Ambulantisierung", „Partizipation" und „Teilhabe" im Rahmen des Projekts genau bedeu-ten, hätte womöglich einen klareren Fokus und eine gemeinsame Argumentationsgrund-lage schaffen können. Dieses Defizit wirkte sich auf einige Beobachtungen aus. In den Ausführungen wurde erwähnt, dass Beobachtungen oft nicht genauer spezifiziert worden sind. Häufig erschwerten allgemeine oder erklärungsbedürftige Formulierungen in den Be-gehungsprotokollen die Analyse und Interpretation. So hätte etwa genauer dargelegt wer-den müssen, in welche *„richtige Richtung"* ein Träger geht oder welche *„Bemühungen"* denn genau stattgefunden hatten. Die *„Themen"*, welche im Rahmen der Gremienarbeit immer wieder diskutiert wurden, hätten ebenso genauer dargelegt werden müssen, um Entwick-lungen im zeitlichen Verlauf öfter auch anhand konkreter Exemplare darstellen zu können. Durch exakte Vorgaben des ISÖ wäre womöglich eine genauere Fokussierung des LIGA-Projektbüros in der Protokollführung möglich gewesen, was jedoch die Authentizität der Beobachtungen reduziert hätte.

Langfristige Beobachtungen der organisatorischen Veränderungen

Auffällig in Bezug auf Beobachtungen der organisatorischen Veränderungen waren die an-haltend festgestellten Bedarfe der Konzept-, Organisations- und Personalentwicklung. Die Phase der Informationsvermittlung einerseits und der *„Konzeptentwicklung"* andererseits nahmen einen Großteil der Beobachtungen ein. Die Beobachtungen legen dar, dass sich Bestrebungen im Rahmen des Projekts zielkonform in einer permanenten Reflexions-schleife bzw. *„Erprobungs- und Diskussionsphase"* befanden. Hierdurch entsteht der Ein-druck, als wären nötige Prozesse und Implementierungen durch lange unbeantwortete Fra-gestellungen zu Finanzierungsstrukturen, rechtlichen Rahmenbedingungen oder fehlen-den Ressourcen verlangsamt worden. Durch diese mangelnden finanziellen Mittel wurde das Projekt als *„Nebenaufgabe"* zusätzlich zum Alltagsgeschäft vollzogen, dies zeugt da-von, dass dem Projekt teilweise nur unzureichend Bedeutung und Aufmerksamkeit beige-messen werden konnte. Aus Sicht der Träger ist Ambulantisierung auch ein finanzielles Risiko, solange der rechtliche Rahmen und der Bedarf an Ressourcen nicht klar sind.

Langfristige Beobachtungen der Ambulantisierung und Partizipation

Im gesamten Projektzeitraum fanden immer wieder verschiedene Informationsveranstaltungen statt. Zentral war der kontinuierliche Austausch mit den KlientInnen und die Beobachtung der Bedarfsentwicklung. Es gab viele Veranstaltungen (Infotage), an denen die KlientInnen teilnehmen konnten. Zweifelsfrei sind Informationsvermittlung und Weiter-/Bildung als nötige Voraussetzung für Partizipation anzusehen.

Im Rahmen der späteren Verselbstständigung der Gremienarbeit wurde im Verlauf des Jahres 2019 darauf hingearbeitet, dass die KlientInnen die Sitzungen der Gremien selbstständig strukturieren und durchführen. In diesem Zusammenhang konnte eine herausragende und zentrale Beobachtung immer wieder im zeitlichen Verlauf identifiziert werden: Deutlich wurden bestehende Ambivalenzen, die sich auf die

- *Fähigkeit und Befähigung* sowie
- *(eingeschränkte) Selbstständigkeit und Erwartungen zur (Eigen-)Initiative*

der KlientInnen in Bezug auf Partizipations- bzw. Ambulantisierungsbestrebungen bezogen. Eine Differenz von

- *Angebot und Nachfrage*

wurde teilweise in Bezug auf zur Verfügung stehende Beteiligungsmöglichkeiten und die Gremienarbeit beobachtet. So schien das Interesse einiger KlientInnen an der Gremienarbeit während des Prozesses zu schwanken oder gar abzunehmen. Themen und Bereiche mit direktem lebensweltlichem Bezug sind für die KlientInnen gedanklich zuordbar. In diesen Bereichen konnten die KlientInnen offenbar hinreichend mitarbeiten und einbezogen werden. Nahm die Komplexität und Abstraktion der Themen allerdings zu, konnten viele KlientInnen den Themenbezug nicht mehr nachvollziehen oder weiterverfolgen. Die Beteiligung wurde somit erschwert und war in einigen Bereichen nicht möglich.

Hieraus lässt sich demnach folgende Korrelation ableiten: Je näher und direkter eine Ambulantisierungsbestrebung die Lebenswirklichkeit der KlientInnen tangiert, desto größer sind auch ihre Kompetenzen und Fähigkeiten, sich aktiv zu beteiligen und einzubringen. Je abstrakter und scheinbar lebensweltfern eine Ambulantisierungsbestrebung für die KlientInnen ist, desto geringer waren auch ihre Kompetenzen und Beteiligungsmöglichkeiten im Projektzeitraum.

2019 wurden dahingehend recht ambivalente Beobachtungen zur Gremienarbeit dargelegt. So wurde positiv hervorgehoben, dass es den Beiräten in einigen Fällen gelungen ist, Veranstaltungen oder Projekte beinahe selbstständig zu organisieren und zu strukturieren. Auf der anderen Seite schien dabei auch immer eine wieder starke Unterstützung seitens der MitarbeiterInnen notwendig gewesen zu sein. Am Ende des Beobachtungszeitraums schien die TeilnehmerInnenzahl an der Gremienarbeit abzunehmen. Unter Berücksichtigung des ermittelten korrelativen Zusammenhangs wäre nun zu hinterfragen, bei welchen exakten Arbeitsschritten oder Vorhaben das selbstständige Agieren der KlientInnen möglich bzw. (noch) nicht möglich war. In künftigen Verlaufsbeobachtungen sollte diese Fragestellung Berücksichtigung finden, da sich aus dem qualitativen Datenmaterial hierzu kaum Hinweise finden lassen.

Zusammenfassend betrachtet lassen sich Tendenzen erkennen, inwiefern es durch Ambulantisierungsbestrebungen im Projektzeitraum gelingen konnte, KlientInnen zu aktivieren und durch angemessene Beteiligungsstrukturen den Übergang der KlientInnen von einer relativen Passivität in die Aktivität zu ermöglichen. Teilhabe kann und muss gelernt sowie ausgebaut werden. Dies ist ein höchst individueller Prozess, der von KlientIn zu KlientIn unterschiedlich ausgestaltet werden muss und dessen Relevanz auch über den Projektzeitraum hinaus bestehen bleibt. Was es für diesen Prozess insbesondere braucht sind ausreichend und außerdem ausreichend befähigte Fachkräfte. Eine budgetneutrale Umgestaltung scheint nicht dauerhaft realisierbar.

6 Einrichtungsleitungen – Wir lassen die Modelleinrichtungen sprechen

6.1 Entwicklung der Evaluationsbögen

Aufgrund der fehlenden Rückmeldungen aus den Modellprojekten zum Zwischenbericht der Evaluation (Opielka/Wißkirchen 2019) entwickelte das Evaluationsteam im Frühjahr 2020 einen Fragebogen zur Evaluation des Projekts für die Einrichtungsleitungen. Zwar war das Projekt bei Ausgabe der Bögen am 12.2.2020 nicht abgeschlossen, jedoch stand es kurz vor dem Abschluss. Es ist offensichtlich, dass einige der Umbauprozesse auch nach Abschluss des Projekts weiterentwickelt und fortgeführt werden sollen. Dennoch erschien es notwendig, die bisherigen Entwicklungen auch aus Sicht der Leitungspersonen und Verantwortungstragenden noch einmal in den Blick zu nehmen. Das Evaluationsteam hatte angestrebt, die jeweiligen Einrichtungsleitungen (Geschäftsführungen) zu befragen. Beantwortet wurden die Fragebögen jedoch von den jeweiligen Fachleitungen. Wir verwenden den Begriff Einrichtungsleitung daher im Folgenden im Sinne der von den jeweiligen Einrichtungen verstandenen Verantwortungszuschreibung.

Der ausgegebene Evaluationsbogen umfasste fünf offene Fragen sowie ein Feld für Anmerkungen. Neben einer Zielerreichungsbewertung und einer Angebotsabfrage wurde die Zufriedenheit der Projektbeteiligten erfragt. Zum Zeitpunkt der vorliegenden Auswertung wurde der Evaluationsbogen nur von zwei der drei Einrichtungsleitungen ausgefüllt zurückgesandt. Auf Grund der wenigen Zielpersonen dieses Fragebogens wird auch hier auf Einzelmarkierungen der Zitate verzichtet, um eine Rückführbarkeit auf den/die AutorIn auszuschließen.

Insgesamt wird das Projekt positiv bewertet, obgleich einiges nicht oder nicht abschließend umgesetzt werden konnte. Dies führen die Befragten jedoch nicht auf die Arbeit des Projektbüros und die Begleitung durch die LIGA zurück, sondern auf andere außerhalb der Einrichtungen befindliche Akteure wie etwa die Leistungsträger.

Das Engagement sowie auch die inhaltliche Begleitung des Projekts durch das Projektbüro sowie den vom Projektbüro organisierten Partnern wurden durchweg positiv bewertet.

ISÖ
Institut für
Sozialökologie

6.2 Auswertung der Evaluationsbögen

Bei der Einschätzung der bisherigen Zielerreichung des Projekts in den eigenen Einrichtungen wird deutlich, dass die Schwierigkeit zur Umsetzung der Projektziele als sehr hoch eingeschätzt wird. Es werden unterschiedliche weiterhin bestehende Hindernisse der Zielerreichung benannt:

- *„Auskömmliche Entgelte"* und zugehörige Leistungsvereinbarungen konnten nicht ausgehandelt werden.
- Vereinbarung individueller und projektbezogener ITP-Ziele konnte bisher nicht erreicht werden.
- Keine Einigung zur Auslegung des Landesrahmenvertrags nach §131 Abs. 1 SGB IX.
- Maßgebliche Akteure außerhalb der Eingliederungshilfe konnten im Projektrahmen nicht dauerhaft aktiviert werden.
- Leistungsträger konnten nicht in den Prozess involviert werden. Aktuelle Leistungen der Einrichtung werden nicht als solche anerkannt.
- Verunsicherungen und Unsicherheiten (durch Nichtanerkennung von Leistungen und daher fehlender Leistungsvereinbarungen) hemmen die Entwicklung neuer Strukturen.
- Unsicherheiten bedingen höhere Leistungsabbrüche und sinkende KlientInnenzahlen.
- *„Die Prozessbegleitung auf Landesebene (Ministerium) war nicht ausreichend bzw. fand diese nur am Beginn und auf Verhandlungs- und Infoebene statt."*
- *„Die Projektvereinbarung auf regionaler Ebene konnte von allen Beteiligten nicht abschließend umgesetzt werden."*

Zugleich wird jedoch betont, dass die KlientInnen *„selbstbewusster geworden [sind], bringen sich ein".* Auch die Mitarbeitenden finden neue Arbeitsformen und *„lösen sich von bisherigen Abläufen".* So wird in den Erläuterungen zur Zielerreichung deutlich, dass ein Umdenkprozess ins Rollen gekommen ist, die Zielerreichung jedoch aufgrund vorwiegend äußerer Einflüsse bisher nicht gänzlich erreicht werden konnte, *„wir sind auf dem Weg".* Die Unterstützung auf diesem Weg durch die LIGA der Freien Wohlfahrtspflege in Thüringen e. V wird hierbei honoriert. Es wird deutlich, dass die notwendigen anstehenden Schritte zur dauerhaften Verwirklichung bei den Leistungsträgern, den Kommunen und dem Land liegen und dass mit jedem Monat, der bis zur Umsetzung vergeht, insbesondere finanzielle Sicherheit der Modellträger verloren geht. Hierin ist auch der Grund der Überlastung der Träger zu finden. Die stetigen Einzelfallentscheidungen des Leistungsträgers führen zu Verzögerungen und zur Verteuerung des Ambulantisierungsprozesses. Insbesondere diese Schwierigkeiten und Hemmnisse könnten andere Träger hemmen, ähnliche Schritte einzuleiten.

Die wesentliche Steigerung der Teilhabe von Menschen mit Beeinträchtigung durch das Projekt sieht eine der Einrichtungsleitungen in den veranstalteten Infotagen und den damit einhergehenden begleitenden Impulsen durch das Projektbüro. Die zweite Person sieht die Teilhabe insbesondere durch den Aufbau von Stammtischen, Zirkeln und AGs gesteigert, die allgemein eine Austauschmöglichkeit oder die aktive Auseinandersetzung mit ausgewählten Themen ermöglichen. Auffallend ist hierbei, dass sich die hier vorliegenden Antworten auf diese Frage (*„Inwieweit wurde aus Ihrer Sicht die Teilhabe der Menschen mit Beeinträchtigung durch das Projekt gesteigert? Durch welche Maßnahmen in Besonderem?"*) nur auf Teilhabemöglichkeiten innerhalb der von den befragten Personen ehemals geleiteten Einrichtungen beziehen. Eine Steigerung der Teilhabe außerhalb der Einrichtung wird nicht fokussiert, wenngleich dies Thema in den benannten Gruppierungen sein kann.

Ähnlich auffallend sind die Antworten auf die Frage „Welche zusätzlichen Angebote der personenzentrierten Arbeit fanden während des Projekts in den Bereichen Wohnen, Arbeit, Freizeit insbesondere vor dem Hintergrund des Sozialraums in Ihrer Einrichtung statt und wann?". Eine der befragten Personen gab an, an einem Projekt zur Wohnungsfindung für Menschen mit Beeinträchtigung im Sozialraum beteiligt gewesen zu sein. Die andere, dass eben dies, der *„Ausbau barrierefreier Wohnraum, Förderung inklusiver Freizeitangebote im Sozialraum, differenzierte Maßnahmen von Arbeit und Beschäftigung"* nicht stattgefunden habe. Ausgeführt wurden weiter insbesondere Aktionen und Aktivitäten zur Teilhabeförderung innerhalb der Einrichtung (Zirkel, AG, Stammtisch), wie auch Aktionen im Sozialraum (Spaziergänge zur Sozialraumanalyse), die sowohl aktiv zur Erkundung des Quartiers, wie auch reflexiv zur Sensibilisierung und Information des Sozialraums für bzw. über die Diversität der Gesellschaft und die eigene Einrichtung beitrugen.

ISÖ
Institut für
Sozialökologie

Die Antworten enthielten keine Ausführungen über personenbezogene Angebote in den Bereichen Wohnen, Arbeit, Freizeit. Daher wird in den vorliegenden Angeboten keine individuelle Steigerung der Angebote an die KlientInnen der Einrichtungen innerhalb dieser Bereiche deutlich. Ihre Mitarbeitenden, so die befragten Personen, tragen auf unterschiedlichen Ebenen zur Teilhabe von Menschen mit Beeinträchtigung bei. Durch eine Mischung aus organisatorischen und assistenzbezogenen Leistungen verwirklichen sie bestmöglich Teilhabe. Insbesondere Assistenzdienste und die Arbeit an den individuellen Teilhabeplänen wurden betont. Hinzu kam die Mitarbeit an projektbezogenen Aktionen und die Begleitung projektbezogener Gruppierungen.

„Wie beurteilen Sie die Zufriedenheit von (ehemaliger) Einrichtungsleitung, Mitarbeitenden, KlientInnen und Angehörigen mit dem Projektverlauf?". Die Zufriedenheit wird von den beiden Personen sehr unterschiedlich eingeschätzt, zum einen sachlich, zum anderen eher emotionaler Ebene. Eine der Einrichtungsleitungen äußert offen, dass die Abläufe und Veränderungen im Projektverlauf *„herausfordernd und Kräfte zehrend"* waren, sich die Zufriedenheit der Mitarbeitenden und Leitung auf unterschiedlichen Stufen bewegt und die Entwicklungen bislang nicht beendet sind. Aber *„Grundsätzlich wird die Richtung der Entwicklung von Kund*innen und Mitarbeitenden als positiv bewertet. Angehörige, rechtliche Betreuer*innen und Mitarbeitende der Leistungsträger sind noch stark in den alten Strukturen verhaftet und agieren entsprechend."*. Hierbei wird unter *„alten Strukturen"* insbesondere die Annahme formuliert, dass Leistungsträger, Angehörige und gesetzliche BetreuerInnen, sobald vermehrter Unterstützungsbedarf besteht, eine stationäre und eben nicht eine ambulante Wohnform für die geeignete Wahl halten. Diese Denkweise *frustriert, da dort häufig die Steuerungsmacht liegt"* und verdeutlicht zudem, wie wichtig der mit dem BTHG notwendig gewordene Veränderungsprozess auf Ebene der Leistungsträger ist. Neben dieser steht die sachliche Antwort der anderen Leitungsperson, die eröffnet, welche Fragestellungen aus der Einrichtung an die LIGA weitergegeben werden konnten, die daraus resultierenden Lösungsprozesse jedoch nicht bewertet. Die Zufriedenheit von Mitarbeitenden und KlientInnen mit dem Projektverlauf kann, folgt man dieser Leitungsperson, auch nicht abgebildet werden, da diese nie ohne Rücksicht auf individuelle Gegebenheiten betrachtet werden könne. Dies gelte auch für die Zufriedenheit der Angehörigen und Betreuer, da diese weder beteiligt noch informiert schienen (trotz der „Infobriefe" des Projekt-büros). Auffallend ist diese Bemerkung insbesondere vor dem Hintergrund, dass zu Beginn des Projekts Inforunden gezielt für gesetzliche BetreuerInnen veranstaltet wurden.

An dieser Stelle erscheint ein erläuternder Kommentar aus Sicht des Evaluationsteams geboten. Der Evaluationsauftrag sah keine (Zufriedenheits-)Befragung der MitarbeiterIn-nen der Modelleinrichtungen vor, die Personalberatung und -begleitung war Aufgabe der Beratungsfirma CONTEC, die hierzu eigenständig berichtet. Die Mitarbeiterinnen der Mo-delleinrichtungen beteiligten sich sowohl an den regelmäßigen quantitativen Info-/Fach-tagsbefragungen sowie an beiden Wellen der Online-Erhebung (Kapitel 3). Sie standen zu-dem im Fokus der Vor-Ort-Begehungen, deren Protokolle in Kapitel 5 ausgewertet wurden. In Bezug auf die Angehörigen, die seitens des Evaluationsteams zumindest in die Online-Erhebung einbezogen werden sollten, war seitens der Modelleinrichtungen und des Pro-jektbüros aus verschiedenen Gründen durchgängig eine recht große Zurückhaltung zu be-obachten, Kontakte für die Erhebungen herzustellen. Man befürchtete Verunsicherung auf Seiten der Angehörigen, indem nach Verunsicherung durch Ambulantisierung gefragt wird.

Der freie Raum für Anmerkungen in der Erhebung wurde intensiv genutzt, zum einen um den Mehrwert der Arbeit des Projektbüros zu betonen und zum anderen um zu verdeutli-chen, dass der Umstrukturierungsprozess nicht mit dem Ende des Projekts der LIGA endet. So hieß es in einem Antwortbogen, die *„Befähigung von Menschen mit Behinderungen, für ihre eigenen Belange einzustehen und sich aktiv zu beteiligen, muss unbedingt weiterhin unterstützt werden. Dafür werden auch künftig Ressourcen gebraucht, da die Finanzierung der (indiv.) Fachleistung kaum noch Spielräume für Leistungserbringer lässt".*

6.3 Fazit

Das Projekt wird aus fachlicher Sicht insgesamt sehr positiv bewertet. In der Umsetzung sehen sich die Leitungspersonen jedoch vielen Schwierigkeiten und Hindernissen gegen-übergestellt, denen sie sich aus der Ebene der Leistungserbringer heraus nicht immer ge-wappnet fühlen. Aus den Fragebogenantworten wird deutlich, dass Teilhabe nicht als „Pro-jekt", sondern als grundlegender Auftrag verstanden wird, der jeden Tag und jede Stunde

ISÖ
Institut für
Sozialökologie

anzunehmen ist. Deutlich wird weiterhin, dass die Verwirklichung von Teilhabe an ausreichenden (finanziellen, personellen) Mitteln sowie an ausreichendem Handlungsspielraum gegenüber Leistungsträgern hängt und dabei auch weiterhin jede vermittelnde, wie auch politische Unterstützung von Seiten der LIGA und anderen Trägern gebraucht und gewünscht wird. In den Evaluationsbögen wird von den Einrichtungsleitungen eine Handlungsaufforderung an die Leistungsträger formuliert.

Aus Sicht des Evaluationsteams entsprechend die Rückmeldungen aus den Modellprojekten nicht dem Standard professionellen Projektmanagements. Wie im folgenden Kapitel 7.1 noch einmal zusammenfassend dargestellt, ließ die Kommunikation im Projekt zu wünschen übrig. Allen Beteiligten war bekannt, dass das Evaluationsteam über nur 22 Personentage in 3 Projektjahren verfügte, diese Information wurde durch das ISÖ bewusst veröffentlicht, auch wenn sich der tatsächliche Aufwand auf (unbezahltes) Vielfaches belief.[29] Die Modellprojekte und das LIGA-Projektbüro mussten, damit die Evaluation überhaupt möglich wurde, aktiv werden und eine Art Bringschuld anerkennen. Die Tatsache, dass eine von drei Einrichtungsleitungen trotz mehrfacher Mahnung den Fragebogen nicht zurücksandte aber auch das fehlende Interesse an einem Austausch über die frühzeitig im Entwurf vorgelegten Evaluationsergebnisse – eine Telefon- oder Videokonferenz hätte sich sicher durchführen lassen, das Evaluationsteam machte mehrere Angebote – deutet wohl auf ein tiefer liegendes Problem. Es besteht wohl einfach grundsätzlich wenig Interesse an Evaluation. Die Einrichtungen der Eingliederungshilfe scheinen – so zumindest der Eindruck des vorliegenden Projektes – Forderungen an die Sozialpolitik zu stellen, wenngleich verhalten. Auch den Verpflichtungen eines betriebswirtschaftlichen Controlling unterwirft man sich, nicht zuletzt aufgrund der häufig erheblichen Durchsetzungsmacht von Geschäftsführungen. Doch eine evaluative und damit selbstevaluative Haltung fällt außerordentlich schwer. Sie würde, wenn sie gelingt, die eigene Leistung und die koproduktive Leistung der KlientInnen möglichst umfassend dokumentieren und anhand von selbstgewählten, aber zur Diskussion gestellten Indikatoren bewerten.

---

[29] Opielka/Wißkirchen 2019, Anlage 1b, S. 4.

7 Zusammenfassung und Diskussion

7.1 Kommunikation innerhalb des Projekts

7.1.1 Handlungsempfehlungen aus dem Zwischenbericht

Im Zwischenbericht gab das Evaluationsteam eine Reihe von Handlungsempfehlungen zum Projektverlauf (Opielka/Wißkirchen 2019, S. 65f.). Sie sollten in der Schlussphase des Projekts mit den Projektakteuren diskutiert werden. Die Diskussionsergebnisse sollten in den vorliegenden Abschlussbericht eingehen. Dies gelang freilich nur in sehr eingeschränktem Umfang. So wurden die Handlungsempfehlungen im Evaluationsgespräch mit dem LIGA-Projektbüro am 13.1.2020 diskutiert, ebenso in einem ganztägigen Workshop mit den Verantwortlichen der Aktion Mensch Stiftung am 16.1.2020 in Bonn. Die Diskussion mit den Projektbeteiligten, insbesondere den VertreterInnen der Modelleinrichtungen, im Rahmen des Quartalstreffens am 18.2.2020 in Erfurt wurde aufgrund der beginnenden Corona-Krise abgesagt, ein alternativer Termin kam aufgrund dieser Krise nicht zustande. Die Einschätzungen und Ergebnisse der genannten und weiterer Gespräche gingen in den vorliegenden Abschlussbericht ein, ohne im Einzelnen darauf zurückgeführt werden zu können.

7.1.2 Kommunikation mit dem LIGA-Projektbüro

Die Kommunikation mit dem LIGA-Projektbüro war im gesamten Projektverlauf intensiv. Es fand ein durchgängiger Informationsaustausch statt, Projektschritte konnten abgeglichen und auch angepasst werden. Neben einer Reihe von persönlichen Treffen fanden zahlreiche Telefon- und gegen Projektende auch Videokonferenzen statt. Sowohl die Entwürfe des Zwischenberichts und im Besonderen die Entwürfe des vorliegenden Abschlussberichts wurden durch beide MitarbeiterInnen in mehreren Fassungen sorgfältig und kritisch kommentiert und somit mitgestaltet.

7.2 Zusammenfassende Darstellung der Evaluationsergebnisse

Quantitative Auswertung

Die Ergebnisse der quantitativen Auswertung sind in zwei Bereiche unterteilt. Der erste Teil betrachtet die Ergebnisse der Info- und Fachtagsbefragungen, die sich eher mit der Evaluation der Organisation und Abläufe befassen und weniger mit Inhalten des Projekts. Die Evaluation der Info- und Fachtage fiel insgesamt sehr positiv aus. Die Befragten scheinen mit den Info- und Fachtagen insgesamt sowie deren Organisation, Barrierefreiheit, Verständlichkeit usw. durchaus zufrieden gewesen zu sein. Die einzige Frage, die ein etwas neutraleres Antwortverhalten aufzeigte, waren die angesprochenen Themen. Anscheinend gab es einige Themen, die auf den Info- und Fachtagen gar nicht oder nicht ausführlich genug besprochen wurden, ohne dass sie genau benannt wurden. Dennoch muss hier, wie schon in Kapitel 3.2, auf die Einschränkung des Fragebogens hingewiesen werden. Durch die Umstrukturierung des Fragebogens, einerseits in seiner Länge und sehr allgemeinen Antwortkategorien, andererseits durch die Anwendung der Leichten Sprache, befasste sich die Befragung nur sehr oberflächlich mit den Info- und Fachtagen und wies durchaus einige Formulierungen auf, die durch das Konzept der Leichten Sprache nicht eindeutig waren. Dadurch zeigt sich aber auch, dass quantitative Befragungen mit Menschen mit Beeinträchtigung etwas problematisch sind und nicht die beste Wahl darstellen, um detaillierte Ergebnisse zu erzielen, sondern sich nur für einen generellen Überblick eignen.

Die zweite quantitative Auswertung diskutiert die Ergebnisse der Online-Befragung, die sich direkt auf einzelne Aspekte des Projekts und deren Veränderung in dessen Verlauf bezieht. Das Ziel dieser Befragung war es den Einfluss des Projekts hinsichtlich der Ambulantisierung auf verschiedene Aspekte des Lebens von Menschen mit Beeinträchtigung zu untersuchen. Im Gegensatz zur Befragung der Info- und Fachtage wurde auf die Anwendung der Leichten Sprache und die sehr allgemeinen Antwortkategorien verzichtet, um bessere Ergebnisse erzielen zu können. Generell lässt sich sagen, dass die Befragung deutlich neutraler ausgefallen ist und es bei keiner der Fragen so eindeutige Ergebnisse gab wie bei der ersten quantitativen Auswertung. Dennoch zeigten sich bei einigen Fragen eindeutige Tendenzen, die sowohl positive Ergebnisse des Projekts als auch Probleme und Sorgen aufzeigen. Die Befragten sehen durchaus einen positiven Effekt hinsichtlich der

Chancen auf eine gelungene Teilhabe von Menschen mit Beeinträchtigung und auch eine tatsächliche Steigerung der Partizipation durch die Ambulantisierungsmaßnahmen. Auch scheinen die Modelleinrichtungen im Allgemeinen auf die individuellen Bedürfnisse der BewohnerInnen einzugehen. Hierbei konnte auch eine leicht positive Steigerung über den Verlauf des Projekts festgestellt werden. Dennoch hat ein großer Anteil der Befragten Sorgen, dass einzelne Personengruppen in diesem Prozess übergangen werden, nicht von den Veränderungen profitieren und ist sich unschlüssig, ob Menschen mit Beeinträchtigung nach der Beendigung des Ambulantisierungsprozesses ausreichend Möglichkeiten haben, ihre persönlichen Vorstellungen eines gelingenden Lebens zu realisieren. Die Befragten denken, dass die Umstrukturierung der Hilfeleistung bei Menschen mit Beeinträchtigung zwar eher zu etwas mehr Autonomie führen könnte, aber dadurch ebenfalls eine etwas höhere Belastung ihrer Angehörigen einhergeht.

Abschließend lässt sich hinsichtlich der quantitativen Analyse sagen, dass nach Ansicht der Befragten das Projekt einen positiven Einfluss auf verschiedene Bereiche des Lebens von Menschen mit Beeinträchtigung hat, man aber dennoch darauf achten muss, alle Personengruppen mit einzubeziehen. Dennoch waren die Ergebnisse der Online-Befragung nicht so eindeutig wie die der Info- und Fachtage und zeigen, dass einige Befragte ebenfalls große Probleme bei der Umstrukturierung sehen. Diese sind quantitativ allerdings schwer zu erfassen, insbesondere bei diesem sehr speziellen Themenfeld, weshalb die qualitative Analyse wesentlich genauere Ergebnisse hinsichtlich detaillierter Problemfelder liefern kann.

Face-to-Face Interviews

Die Vorbereitung der leitfadengestützten Interviews verdeutlichte die Skepsis und Sorgen der Einrichtungsleitungen. So wurde geäußert, dass die Durchführung dieser Interviews durch kritische Nachfragen ‚schlafende Hunde wecken' und so KlientInnen und Angehörige verschrecken könnte. So wurde das Gefühl der Unsicherheit und auch einer Verletzlichkeit in der aktuellen Umbruchssituation unter den Leitungs- und Betreuungspersonen offenbart.

In den Interviews wurde deutlich, dass viele der Befragten die Begrifflichkeiten und Reichweite des Projekts nicht einordnen konnten. So war nur einem Viertel der Befragten das

ISÖ
Institut für
Sozialökologie

Projekt „Wie macht man Teilhabe?" direkt geläufig. Auch wurde offensichtlich, dass weder die Infotage noch die Fachtage allen Beteiligten bekannt oder zugänglich waren. Die mit dem Projekt einhergehenden Anforderungen an die Beteiligten überschritten oftmals bereits vorhandene Alltagskompetenzen und sorgten unter den Befragten für Verunsicherung im Hinblick auf die Veränderungen und neuer Möglichkeiten. Ein noch stärkerer Miteinbezug, eine verstärkte sowie veränderte Kommunikation über das Projekt wären notwendig, um alle dauerhaft mitzunehmen. Hierfür wären jedoch mehr personelle Mittel erforderlich, welche eine aktive prozessuale Beteiligung durch intensive Arbeit der Mitarbeitenden abseits des Alltagsgeschäfts ermöglichen könnte.

Die von den befragten Personen geäußerten Wünsche und Bedürfnisse waren sehr realitäts- und trägernah. Darin wurde deutlich, dass Aktivität und Teilhabe im Gemeinwesen abseits der Sozialen Trägerlandschaft bisher nicht für alle Klientinnen gegeben oder erreichbar sind. Zugleich hinderten sie ihre häufig geringen finanziellen Mittel daran, ihre Freizeit ihren Wünschen entsprechend zu gestalten. Diese finanzielle Barriere stellt für die Menschen mit Beeinträchtigung einen zusätzlichen limitierenden Faktor dar. Abgesehen von ihrer Situation relativer Armut ist zu beachten, dass diese Einschränkung insbesondere durch die Veränderungen im Rahmen des Modellprojekts von den Befragten als erhöht wahrgenommen wurde. Mit den steigenden Wahlmöglichkeiten und der getrennten Finanzierung (bspw. Mittagessen/Ausflüge), tritt dieses finanzielle Problem verstärkt zutage. Die Befragten nahmen wahr, dass das ihnen für Mahlzeiten und Freizeitgestaltung zugewiesene Geld nicht für eine Teilnahme am täglichen gemeinsamen Mittagessen oder für Ausflugsaktivitäten ausreicht oder sie sehen die Kosten für eine solche Teilnahme als zu hoch an.

Hierbei ist zu betonen, dass diese Barriere nicht durch das Modellprojekt aufgehoben werden kann. Die Höhe der Entlohnung abseits des ersten Arbeitsmarktes, der Renten oder ähnlichem wird nicht auf dieser Ebene beschlossen. Das Modellprojekt kann hierbei jedoch diese Gefahr der Exklusion, durch Folgen der Ambulantisierung in nicht daran angepasste Systeme, aufweisen und weitertragen: Die Möglichkeit zur Teilhabe, durch personenzentrierte Hilfen und gemeinwesensorientierte Arbeit angestrebt, die individuelle Bedürfnisse und eine inklusive Gesellschaft verwirklichen wollen, stößt dort an Grenzen der Verwirklichung, wo es an finanziellen Mitteln zur Realisierung gesellschaftlicher Teilhabe fehlt. Solange nicht ausreichend Mittel zur gesellschaftlichen Teilhabe bereitgestellt werden, können die Grundsteine und Voraussetzungen dafür noch so gut ausgestaltet und der Weg bestmöglich bereitet sein. Beschritten werden kann er dennoch nicht.

In den Interviews wurde deutlich, dass viele der Befragten die Gelegenheit zur Äußerung kritischer Aspekte und individueller Wahrnehmungen schätzten und gerne intensiv nutzen. Dies könnte ein Aufruf sein, dauerhaft eine Form zu finden, die es den Beteiligten ermöglicht, Sorgen und Ängste prozessbegleitend vor neutralen Personen äußern zu können.

Textanalyse

Die textanalytische Auswertung des im Rahmen des Projekts erhobenen qualitativen Materials ermöglicht einen Erkenntnisgewinn durch repräsentierende Textausschnitte der verschiedenen Erhebungsmethoden. Vor allem die Vorort-Begehungsprotokolle des LIGA-Projektbüros ermöglichten durch ihre Menge und Kontinuität eine Beobachtung des zeitlichen Verlaufs der Ambulantisierung in den Modellträgern. Insgesamt lassen sich zusammenfassende Aussagen zum methodischen Vorgehen, zum Projektmanagement und zur Kooperation zwischen den ArbeitspartnerInnen, zu den organisatorischen Veränderungen der Modellträger im Rahmen des Projekts sowie zum Forschungsgegenstand der Ambulantisierung selbst, also zur Beteiligung und Partizipation von Menschen mit Beeinträchtigung, ableiten.

Vor allem die strukturierten Vorgespräche zum Projektbeginn verdeutlichten bestehende Unsicherheiten und Ungewissheit seitens mancher Einrichtungen über den Forschungsgegenstand sowie über die Kommunikations- und Kooperationsstrukturen. Während des Projektzeitraums schien ein unzureichendes gemeinsames Verständnis des Forschungsgegenstands des Öfteren zu Verschiebungen der Fokussierung und erwarteten Ziele zu führen. Daraus lässt sich die Notwendigkeit einer exakten Definition des Forschungsgegenstands zu Beginn eines Projekts ableiten. Dadurch können einheitliche Zielstellungen – etwa nach dem SMART-Prinzip[30] sowie verbindliche Kooperations- und Kommunikationsstrukturen durch das Projektmanagement festgelegt werden. Ferner war die Auswertung einiger Segmente der Protokolle der Vorort-Begehungen durch das LIGA-Projektbüro durch

---

[30] Spezifisch, messbar, aktiv beeinflussbar, realistisch, terminiert.

ISÖ
Institut für
Sozialökologie

unspezifische Aussagen teilweise nicht möglich. Rückkopplungen und Reflexionsschleifen zwischen LIGA und ISÖ zu den Erhebungsinstrumenten hätten eine frühere Intervention und Re-Fokussierung relevanter Aspekte zur Ermöglichung einer exakteren Analyse ermöglicht. Für künftige Projekte erscheint daher die Implementation etwaiger Auswertungszyklen bereits während des Erhebungsprozesses unverzichtbar.

Im Hinblick auf die organisatorischen Veränderungen wurden Bedarfe der Konzept-, Organisations- und Personalentwicklung der jeweiligen Einrichtungen durch die MitarbeiterInnen des LIGA-Projektbüros von Beginn bis zum Ende des Projektzeitraums festgestellt. Beobachtungen der organisatorischen Veränderungen bezogen sich vor allem auf Veranstaltungen zur Informationsvermittlung und Weiterbildung von Menschen mit Beeinträchtigung in der Ambulantisierung, dahingehend auch auf die Entwicklung der Gremienarbeit in den Einrichtungen sowie auf die Entwicklung der sogenannten Übergangskonzepte. Auffallend war, dass sich Bestrebungen im Rahmen des Projekts zwar zielkonform in einer permanenten Reflexionsschleife befanden, allerdings schienen manche Prozesse durch lange ungeklärte Fragestellungen ins Stocken zu geraten. Im Rahmen des Projektmanagements wäre es eventuell möglich gewesen, SMARTe und verbindliche Unterziele zu definieren. Durch mehr Klarheit und Fokussierung hätte es unter Umständen auch ermöglicht werden können, wahrgenommene Frustrationserscheinungen seitens der MitarbeiterInnen einiger Einrichtungen zu umgehen. Aus den Begehungsprotokollen ergab sich nicht immer, ob eine organisatorische Veränderung durch oder bereits vor dem Projektzeitraum implementiert wurde.

Die Beteiligung und Partizipation von Menschen mit Beeinträchtigung im Projektzeitraum wurden einerseits durch verschiedenste Informationsveranstaltungen und andererseits durch die Gremienarbeit ermöglicht, also die Kooperation von Menschen mit Beeinträchtigung und den MitarbeiterInnen in den Einrichtungen. Im Projektverlauf wurden Versuche der Verselbstständigung von Menschen mit Beeinträchtigung in der Gremienarbeit unternommen. Hierbei gab es Erfolge und Misserfolge. Einigen Menschen mit Beeinträchtigung war es zunehmend leichter gefallen, Bedürfnisse und Wünsche selbstbewusster zu artikulieren. Andere Gremien benötigten weiterhin Struktur und Unterstützung durch die MitarbeiterInnen. Durch die Beobachtungen konnte eine wesentliche Ambivalenz festgestellt werden: Es ergab sich ein Spannungsfeld zwischen (eingeschränkten) Kompetenzen einiger Menschen mit Beeinträchtigung und Erwartungen zur Selbstständigkeit sowie Eigeninitiative, die Menschen mit Beeinträchtigung entgegengebracht wurden. Die sich daraus ergebende, zentrale Erkenntnis lautet, dass die Lebenswirklichkeit der Menschen mit Beeinträchtigung stärker in den Blick genommen werden muss: Festgestellt wurde, dass Themen von Menschen mit Beeinträchtigung häufig leichter diskutiert und bearbeitet werden können, wenn sie deren Lebenswelt tangieren. Auf der anderen Seite wurde ersichtlich, dass abstraktere Themen für manche weniger nachvollziehbar waren. Diese sehr unterschiedlichen und zuweilen fehlenden Kompetenzen der Menschen mit Beeinträchtigung wurden in den Beobachtungen oft als „Grenze der Partizipation" angesehen. In künftigen Forschungen sollten demnach Methoden zur Kompetenzerweiterung von Menschen mit Beeinträchtigung im Zentrum der Betrachtungen stehen. Dieses Projekt legt hierfür den Grundstein, indem es vor allem im qualitativen Material erste Tendenzen der Aktivierung und des Empowerments von KlientInnen aufzeigt. Teilhabe und Partizipation sind jedoch höchst individuelle Prozesse, die für jeden Menschen unterschiedlich ausgestaltet werden müssen. Ihre Relevanz bleibt auch über den Projektzeitraum hinaus bestehen.

Einrichtungsleitungen

Die Einrichtungsleitungen bewerten die Wirkung des Projekts auf die KlientInnen als sehr positiv. Steigerungen des Selbstbewusstseins und aktivere Teilnahme an Prozessen innerhalb der Einrichtung werden von ihnen beobachtet. Vom Projektbüro der LIGA fühlen sie sich sehr gut begleitet und unterstützt. Ihre Kritik richten sie insbesondere auf wesentliche Akteure außerhalb der Eingliederungshilfe, die „im Projektrahmen nicht dauerhaft aktiviert werden" konnten. Vor allem die geringe beziehungsweise nicht vorhandene Begleitung des Projekts durch die Landesebene (Ministerium) wird angemahnt. Auch wird mangelnde Entscheidungskraft auf der Ebene der Leistungsträger kritisiert. So sorgen die fehlende Einigung bezüglich der Auslegung des Landesrahmenvertrags sowie die Nichtanerkennung von Leistungen und deren Folgen auch aktuell noch für große Unsicherheiten sowie zu Leistungsabbrüchen bei Leistungserbringern im Modellprojekt. Diese fehlende Kooperationsbereitschaft entscheidender Stellen gefährdet so nicht nur die konsequente Umsetzung der Ambulantisierung, sondern die finanziellen Grundlagen der Leistungserbringer.

Insgesamt bewertet das Leitungspersonal das Projekt sehr positiv, auch wenn einiges nicht vollständig umgesetzt werden konnte und die Umsetzung wie auch Aushandlungsprozesse bisher nicht abgeschlossen sind. Die Einrichtungsleitungen formulieren eine klare Handlungs- und Unterstützungsaufforderung an Leistungsträger und politische Ebenen. Sie fordern auch nach Beendigung der Projektbegleitung durch das LIGA-Projektbüro ausreichend finanzielle Ressourcen, Handlungsspielraum gegenüber den Leistungsträgern sowie die politische Unterstützung auf ihrem Weg. Nur so können die Erfolge des Projekts erhalten und erweitert werden. Kritisch ist allerdings festzuhalten, dass eine evaluative und selbstevaluative Haltung bei den Einrichtungsleitungen nur in Ansätzen beobachtet werden kann.

7.3 Indikatorengestützte Wirkungsanalyse

Auf Basis des ersten Moduls wurden Indikatoren zur Wirkungsanalyse des Projekts entwickelt. Diese können in die unterschiedlichen Prozessschritte eingeordnet werden. Die summarische Gesamtbewertung pro Indikator fand auf Basis eines dreistufigen qualitativen Validierungsprozesses statt (durch das Evaluationsteam, Projektbüro und Projektpartner).

Der Status der Indikatoren richtet sich nach einem Ampelsystem (grün = Ziel wird (nahezu) erreicht); orange (gepunktet) = Die Entwicklung ist erkennbar, aber eine Zielverfehlung bleibt; rot (gestreift) = Entwicklung nicht erkennbar/in die falsche Richtung; weiß = aus Datenmangel keine Bewertung möglich). Es handelt sich dabei um eine einfach gehaltene Ordinalskala mit einer 3-Punkte Bewertungsmöglichkeiten. Die finale Wirkungsanalyse wird in der folgenden Tabelle zusammengefasst (Abbildung 23).

Abbildung 23: Indikatoren zur Wirkungsanalyse

Indikator	Status
I. Input	
(Finanzielle, personelle, strukturelle) Ressourcen zur Erreichung der Projektziele	
(Finanzielle, personelle, strukturelle) Ressourcen zur Evaluation	
II. Projektprozess	
Definition von Ziel bzw. Normativ von Partizipation (a) ein soziales Gefüge, in das man kommunikativ und materiell eingebunden ist (b) gleichzeitig individuell und gemeinschaftlich (Mitgestaltungsmöglichkeit)	
Anzahl der Menschen mit Beeinträchtigung, die während der verschiedenen Phasen des Projekts teilhaben konnten.	
Anzahl der neuen, differenzierteren und individuellen Angebote, die während des Projekts geschaffen wurden.	
Grad der Flexibilität, der den Menschen mit Beeinträchtigung bei der Auswahl der Wohnformen gegeben wurde.	
Grad der Flexibilität, der den Menschen mit Beeinträchtigung bei der Auswahl der Arbeitsformen zur Verfügung steht.	
Anzahl der Veranstaltungen (Workshops, Schulungen), die während des Projekts stattgefunden haben, um verschiedene Akteure (Führungsebene/Fachkräften/Trägern) auf die Veränderungen des Angebotes vorzubereiten.	
Erfolg der prozessbegleitenden Evaluation (a) Primär: Menschen mit Beeinträchtigung, Angehörige, Betreuer; (b) Fachkräfte, Multiplikatoren, Politik	
Alle projektrelevanten Prozesse sind für Menschen mit Beeinträchtigung zugänglich (prozessuale Barrierefreiheit) um Partizipation und Transparenz zu gewährleisten	
Zusätzliche Info-/Fachtage für Menschen mit Beeinträchtigung dienen dazu, ihnen mehr Informationen zu rechtlichen und sozialpolitischen Fragen und Entwicklungen zur Verfügung zu stellen und Raum für Diskussion zu bieten.	

ISÖ
Institut für
Sozialökologie

III.	**Output**	
Entwicklung eines Handlungsleitfadens (Arbeitshilfe) „Wie macht man Teilhabe?" *Dieser Leitfaden sollte auch auf andere Projekte übertragen werden können (zur Umsetzung des BTHG).* (Es werden praktische Erkenntnisse gewonnen, wie Teilhabe von Menschen mit Beeinträchtigungen am gesellschaftlichen Leben ermöglicht werden kann und ein barrierearmer Sozialraum möglich wird.)		in Erarbeitung
Konkrete Veränderungen der Angebote für Menschen mit Beeinträchtigung, die diese am Ende des Projekts erlebt haben. *(Institutionelle und organisatorische Entwicklungen der Einrichtungen)*		
… im Bereich Wohnen		
… im Bereich Freizeit		
… im Bereich Arbeit		
Neue Formen und Finanzierungslogiken personenzentrierter Hilfen sind erarbeitet		
Die Anforderungen des neuen Bundesteilhabegesetzes sind berücksichtigt.		
IV.	**Outcome & gesellschaftliche Wirkung**	
Konkrete Hemmnisse, die das Projekt geholfen hat abzubauen.		
Grad der Verbindung des Projekts mit anderen relevanten Projekten.		
Die beteiligten Menschen mit Beeinträchtigung sind informierter und verfügen über mehr Optionen im Hinblick auf eine selbst gestaltete Lebensführung		
Notwendige Schritte der Organisations- und Personalentwicklung und ggf. des Immobilienmanagements sind bekannt, Controlling-Systeme werden angepasst, das Risiko-Management wird verbessert.		siehe CONTEC
Neue Berufsprofile und veränderte Anforderungen zur Unterstützung und Beschreibung personenzentrierter Leistungen (z.B. Case-, Netz- und Teilhabemanagement) sind identifiziert und die benötigten Ressourcen und Kompetenzen beispielhaft dargestellt.		siehe CONTEC

ISÖ
Institut für
Sozialökologie

Angehörige und gesetzliche BetreuerInnen haben größeres Vertrauen in Entscheidungen der Menschen mit Beeinträchtigung und unterstützen aktiver deren selbstgewählten Ziele.	
Angehörige unterstützen die Um- und Neugestaltung der Angebote, ihre Skepsis im Hinblick auf Leistungslücken ist zerstreut.	
Der aktive Einbezug von Menschen mit Beeinträchtigung, der VertreterInnen, Angehörige, BetreuerInnen sowie VertreterInnen von Interessen- und Fachverbänden von Menschen mit Beeinträchtigung wird dauerhaft etabliert und gesichert. Unabhängig von diesem Projekt und über die Eingliederungshilfe hinaus werden Impulse für mehr Teilhabe von Menschen im Gemeinwesen gegeben.	
Die Unterstützung zur Bereitstellung personenzentrierter Hilfen und ihres Ausbaus, wie z.B. barrierefreier Wohnraum, inklusive Bildungs- und Freizeitangebote, Verbesserung des ÖPNV (Mobilitätsverbesserung), differenzierte Angebote für Arbeit und Beschäftigung ist aktiviert.	
Eine Überprüfung der Curricula von Fachschulen (HEP, ErzieherInnen) wird angeregt, um die Ausbildung neuer Assistenzberufe auf dem Hintergrund personenzentrierter Hilfen zu initiieren (die/der AssistentIn als „Teilhabemanagerin").	
Zufriedenheit in Bezug auf das jeweilige Dienstleistungssystem	
Allgemeine Zufriedenheit (i.V. mit der Annahme, dass diese durch die Institution und ihre Leistungen beeinflusst wird)	

Quelle: Eigene Darstellung

Die Gesamtevaluation zeigt eine gemischte Trendentwicklung. Ein Erfolg des Projekts ist dennoch erkennbar. Es kann die Frage aufkommen, wie das Evaluationsteam zur Einschätzung einzelner Indikatorenentwicklungen gelangte. Deshalb möchten wir die Tabelle um textliche Ausführungen ergänzen, gegliedert nach den im Projektprozess aufeinander aufbauenden Phasen.

Wenn man sich die Wirkungsanalyse des **Input** betrachtet, geht es dabei um die Ressourcen, sei es finanziell, personell oder strukturell, die in das Projekt von Beginn an investiert wurden. Hier ist anzumerken, dass die Ressourcenbeteiligung durch die Aktion Mensch Stiftung und das Engagement der LIGA positiv bewertet werden können. Problematisch erscheint jedoch die Vorstellung der LeistungsträgerInnen auf allen Ebenen, den Ambulantisierungsprozess budgetneutral durchführen zu können. Es fehlten überall Mittel zur Deckung der Transaktionskosten. Das Projekt zeigte zudem ein typisches Problem der Evaluation im Feld der Sozialen Arbeit, für die in der Regel unzureichende Mittel bereitgestellt werden.

Die Evaluation des **Projektprozesses** kann als durchwachsen beschrieben werden. Die Partizipation der primären Zielgruppe der Evaluation, der Menschen mit Beeinträchtigung, wird als positiv bewertet. Sie wurden eingebunden und es entstanden neue Mitgestaltungsmöglichkeiten. Dies drückt sich auch in der positiven Bewertung der Anzahl von Menschen mit Beeinträchtigung aus, die am Projekt teilnahmen. Die Flexibilität bei der Wohnungsauswahl war gegeben, allerdings konnte dieser Erfolg nicht im Lebensbereich Arbeit wiederholt werden. Gründe dafür sind der zunehmend gespaltene allgemeine Arbeitsmarkt und die dominante Rolle der Werkstätten für behinderte Menschen (WfbM). Auch bei der Gestaltung von individuellen Freizeitangeboten besteht Verbesserungspotential. Somit kann gesagt werden, dass die primäre Zielgruppe erreicht wurde und am Prozess beteiligt war, auch wenn **es** in den einzelnen Lebensbereichen große Unterschiede gab und gibt. Auch andere Akteure wurden aktiv in den Prozess durch Veranstaltungen, Fach-/Infotage usf. eingebunden.

Der Erfolg der prozessbegleitenden Evaluation selbst muss wie der Projektinhalt ebenfalls kritisch reflektiert werden. Hat das Instrument der Wirkungsanalyse funktioniert und hat es das gemessen, was die Evaluatorinnen und Evaluatoren am Projektende abbilden wollten? Hier kann nicht von einer linearen Durchführung gesprochen werden. Womöglich war es eher eine Stärke des Evaluationsteams, auf die Gegebenheiten zu reagieren und eine hohe Flexibilität an den Tag zu legen. Sicherlich können durch den Evaluationsprozess selbst Rückschlüsse gezogen werden, die in zukünftigen Projekten Anwendung finden. Eine zentrale Erkenntnis hierzu ist die Wichtigkeit der durchgängigen Kommunikation und Rückkopplung mit Projektpartnern, um Erwartungen und Interpretationen abzugleichen. Solch komplexe Transformationsprozesse durch Angebote des Sozialmanagements zu begleiten ist erfolgreich und sinnhaft. Empowerment wirkt, dadurch entsteht natürlich auch ein Klima von Teilhabebedürfnissen und -wünschen. Die Projektbeteiligten stellen sich verständlicherweise die Frage: Wie wird verstetigt, was erfolgreich war?

Nach dem Projektprozess liegt der Fokus der Evaluation auf dem **Output**, also direkte Produkte und Gewinne aus dem Projekt, und dem **Outcome** und Wirkung im breiten sozialpolitischen und gesellschaftlichen Raum. Hier fokussieren wir uns noch einmal auf die Erfolge in den Lebensbereichen Arbeit, Freizeit und Wohnen der Menschen mit Beeinträchtigung. Diese fallen unterschiedlich aus und werden daher einzeln bewertet.

Lebensbereich Arbeit. Durch den vom Projekt gesetzten Fokus auf die Personenzentrierung werden auch die Interessen der KlientInnen im Bereich Arbeit verstärkt wahrgenommen. Diese Entwicklung ist jedoch nicht von den Entwicklungen des ITP Thüringen trennbar. Die Menschen mit Beeinträchtigung wurden über ihre Arbeitsmöglichkeiten aufgeklärt. Dies ist als ein Prozessbeginn zu deuten, der nur langfristig evaluiert werden kann.

Lebensbereich Wohnen. Im Gegensatz zum Lebensbereich Arbeit hat hier eine erhebliche Veränderung stattgefunden. Die vorher stationären Einrichtungen wurden ambulantisiert. Die Ausgestaltung dieser Veränderung ist bei den Modellträgern unterschiedlich ausgefallen. Eine starke Veränderung ist im Hinblick auf die Selbstverwaltung des eigenen Wohnraums festzustellen, die MieterInnen sind nicht mehr verpflichtet, Zutritt zu den eigenen Räumlichkeiten zu gewähren und BetreuerInnen müssen sich anmelden. Durch die qualitative Projektprozessbegleitung wurde deutlich, dass Menschen mit Beeinträchtigung über begrenzte Kommunikationsmittel verfügen (nicht durchgängig Besitz eines mobilen Endgeräts, keine E-Mail-Adresse) und daher eine neue Form der Kommunikation gefunden werden muss. Diese Veränderungen machen deutlich, dass insbesondere ein neues Verhältnis zwischen BetreuerIn und Mensch mit Beeinträchtigung gefordert ist. Dies birgt neue Herausforderungen für die MitarbeiterInnen der Einrichtungen und erfordert Haltungsveränderungen im Arbeitsverhältnis.

Lebensbereich Freizeit. Die Evaluation konnte zeigen, dass die Freizeitangebote in den Einrichtungen durch den Ambulantisierungsprozess zunächst stagnierten, zum Projektende aber wieder verstärkt wurden. Dabei handelt es sich um Angebote in der Trägerlandschaft selbst, allerdings hat sich die Anzahl an Freizeitangebote im direkten Sozialraum im Projektverlauf nicht verändert. Drei Trendentwicklungen sind zu beobachten: (1) neue Eigenverantwortlichkeit über finanzielle Ressourcen durch die Personenzentrierung; (2) die Bewusstseinssteigerung über Knappheit finanzieller Ressourcen bei Menschen mit Beeinträchtigung; (3) nur geringfügige Erweiterung der Freizeitangebote im Sozialraum. Hier sollte dringend eine ganzheitliche Perspektive auf das direkte Umfeld der Menschen mit Beeinträchtigung eingenommen werden, um tatsächlich personenzentrierte Freizeitgestaltung zu ermöglichen (z.B. Ausflüge, Urlaub, Mitgliedschaft in einem Verein).

Offensichtlich war Wohnen der Fokus der Aktivitäten und danach Freizeit. Möglicherweise gab es zum Thema Arbeit nicht nur weniger Aktivitäten, sondern auch keine rechte Idee und kein Konzept zum Thema Arbeit. Dann ist es schwer, einen Hebel zu Veränderungen zu finden. Gewiss sind die Möglichkeiten von Sozialorganisationen, den Arbeitsmarkt und Arbeitgeber zu beeinflussen, eher gering. Es erfordert aber auch auf Seiten der Sozialorganisationen neues Denken und Handel, um im Bereich Arbeit wirksam zu werden, beispielsweise durch den Aufbau von Integrationsfachdiensten, Arbeitnehmerüberlassungsfirmen, Integrationsfirmen oder strategischen Kooperationen mit Arbeitgebern und ihren Verbänden.

Es ist insgesamt festzustellen, dass der Projektfokus auf die Einrichtungen es zwar ermöglicht, diese intern personenzentrierter zu gestalten und auch die Teilhabebereitschaft der Menschen mit Beeinträchtigung zu erhöhen. Interne Personenzentrierung und Projektorientierung reichen jedoch nicht aus, um eine inklusive Gesellschaft zu schaffen. Wir empfehlen hierfür Projekte und Ressourcen, die sich nicht nur an Anbieter und Dienste der Eingliederungshilfe richten, sondern sich verstärkt auch an alle anderen gesellschaftlichen Akteure richten (z.B. Vereine, städtische Einrichtungen, Arbeitgeber). Das Projekt zeigt, dass eine Veränderung der Trägerlandschaft erfolgt, dies kann jedoch nur der Anfang des Transformationsprozesses sein. Weitere Schritte erfordern eine ganzheitliche Personenzentrierung in allen Lebensbereichen, das heißt die Integration und Ausweitung auf externe sozialräumliche und gesellschaftliche Akteure und vielfältige Anreize, um diese Akteure zur Kooperation zu motivieren.

8 Literaturverzeichnis

Adler, Reiner (2012): Ohne Ziel ist auch der Weg egal: Betreuungsgericht und Berufsbetreuer im Lichte der Agenturtheorie. In: BtPrax 2012, 21. Jahrgang, 10.12.2012, S. 232-238.

Adler, Reiner (2015): Generation Betreuerpraktikum: Agenturtheoretischen Analysen zur Attraktivität der Betreuungsbranche für die Sozialarbeit, nach doppeltverdecktem Gutachterverfahren als Beitrag zugelassen zum „Kölner Journal"- In: Wissenschaftliches Forum für Sozialwirtschaft und Sozialmanagement 2015, Band 3, Baden-Baden, S. 56-83.

Aktionsbündnis Teilhabeforschung (2019): Aktueller Stand der Diskussion der AG Partizipative Teilhabeforschung vom 15.05.2019. Im Internet unter: https://www.teilhabeforschung.org/attachments/article/17/20190515%20Diskussionspapier.pdf

Bethel (2019): Personenzentrierung nach dem BTHG. Bielefeld: v. Bodelschwinghsche Stiftungen Bethel.

BMAS (2013): Teilhabebericht der Bundesregierung über die Lebenslagen von Menschen mit Beeinträchtigung. Bundesministerium für Arbeit und Soziales.

BMAS (2017): Begriffserklärung Inklusion. Bundesministerium für Arbeit und Soziales. Im Internet unter: https://www.bmas.de/DE/Schwerpunkte/Inklusion/Fragen-und-Antworten/was-bedeutet-personenzentrierung.html

Brehme, David/Fuchs, Petra/Köbsell, Swantje/Carla Wesselmann, Carla (Hrsg.) (2020): Disability Studies im deutschsprachigen Raum. Zwischen Emanzipation und Vereinnahmung. Weinheim/Basel: Beltz Juventa.

Brütt, Anna Levke/Buschmann-Steinhage, Rolf/Kirschning, Silke/Wegscheider, Karl (2016): Teilhabeforschung. Bedeutung, Konzepte, Zielsetzung und Methoden. Berlin/Heidelberg: Springer-Verlag.

Burmester, Monika/Wohlfahrt, Norbert (2019): Wozu die Wirkung Sozialer Arbeit messen? Eine Spurensicherung. Soziale Arbeit kontrovers 18. Berlin/Freiburg: Deutscher Verein/Lambertus.

CBP (2012): Diskussionsergebnisse...aus den Workshops. In: Neue Caritas. CBP-Spezial 5. S. 29-37.

Denzin Norman (1970, 1978 & 1989: 1st, 2nd and 3rd editions): The Research Act Prentice Hall, New Jersey

DIMDI (2005): ICF Internationale Klassifikation der Funktionsfähigkeit, Behinderung und Gesundheit. Herausgegeben vom Deutschen Institut für Medizinische Dokumentation und Information. Genf: World Health Organisation

Engels, Dietrich/Engel, Heike/Schmitz, Alina (2017): Zweiter Teilhabebericht der Bundesregierung über die Lebenslagen von Menschen mit Beeinträchtigungen: Teilhabe – Beeinträchtigung – Behinderung 2016, herausgegeben vom Bundesministerium für Arbeit und Soziales, Bonn.

Farin-Glattacker, Erik/Kirschning, Silke/Meyer, Thorsten/Buschmann-Steinhage, Rolf (2014): Partizipation an der Forschung – eine Matrix zur Orientierung. Ausschuss „Reha-Forschung" der Deutschen Vereinigung für Rehabilitation (DVfR) und der Deutschen Gesellschaft für Rehabilitationswissenschaften (DGRW) (Hrsg.). Stand: September 2014.

Findl, Renate (2005): Ein Schritt auf dem Weg zu einem verbesserten Methodenmix in der empirischen Sozialforschung. Inaugural-Dissertation zur Erlangung der Doktorwürde (Dr. phil.) der Philosophischen Fakultät II der Universität Regensburg.

Früchtel, Frank/Budde, Wolfgang (2010): Bürgerinnen und Bürger statt Menschen mit Behinderungen. Sozialraumorientierung als lokale Strategie der Eingliederungshilfe. In: Teilhabe 49 (2), 54–61.

ISÖ
Institut für
Sozialökologie

Gerlach, Florian/Hinrichs, Knut (2019): Die Einführung von Instrumenten der Wirkungssteuerung durch das Bundesteilhabegesetz und ihre rechtlichen Implikationen – Teil 1. In: NDV – Nachrichtendienst, 9, 99. Jg., S. 413-417, Teil 2, in: NDV – Nachrichtendienst, 10, 99. Jg., S. 466-467.

Gläser, Jochen/Laudel, Grit (2009): Experteninterviews und qualitative Inhaltsanalyse, 3., überarbeitete Auflage, Wiesbaden: Springer VS.

Heinze, Rolf G./Runde, Peter (Hrsg.) (1982): Lebensbedingungen Behinderter im Sozialstaat. Opladen: Westdeutscher Verlag.

Helfferich, Cornelia (2011): Die Qualität qualitativer Daten. Manual für die Durchführung qualitativer Interviews, 4. Auflage, Wiesbaden: Springer VS.

Herbrich, Philipp u.a. (2018): Rahmenbedingungen für die Nachfolge von ehrenamtlichen Vereinsvorständen am Beispiel des Paritätischen Thüringen, ISÖ-Text 2018-4. Norderstedt: BoD.

Hinz, Thorsten (2012): Teilhabeforschung jetzt! Die fünf Fachverbände der Behindertenhilfe haben zehn Thesen für eine Teilhabeforschung verabschiedet. Dabei geht es auch um eine Standortbestimmung gegenüber den Pflege- und Rehabilitationswissenschaften. In: Neue Caritas. CBP-Spezial 5. S. 8-10.

Infas – Institut für angewandte Sozialwissenschaft (2017): Repräsentativbefragung zur Teilhabe von Menschen mit Behinderungen. Zwischenbericht. Forschungsbericht 492. Bonn: Bundesministerium für Arbeit und Soziales.

Infas – Institut für angewandte Sozialwissenschaft (2018): Repräsentativbefragung zur Teilhabe von Menschen mit Behinderungen. 2. Zwischenbericht. Forschungsbericht 512. Bonn: Bundesministerium für Arbeit und Soziales.

LIGA Thüringen (2017): Antrag Stiftung Aktion Mensch „Wie macht man Teilhabe?". In: Opielka/Wißkirchen 2019, Anhang 1.

Mayer, Horst Otto (2012): Interview und schriftliche Befragung: Grundlagen und Methoden empirischer Sozialforschung, 6. Auflage, München: Oldenbourg.

Mey, Günter/Ruppel, Paul S./Vock, Rubina (2020): Triangulation und mixed methods. Im Internet unter: https://studi-lektor.de/tipps/qualitative-forschung/triangulation-mixed-methods.html#src2

Moisl, Dominique (2017): Methoden zur Befragung von Menschen mit geistiger Behinderung. In: Public Health Forum, 25. Jg., 4, S. 321-323.

Mühling, Tanja (2000): Die berufliche Integration von Schwerbehinderten. Ein integratives Erklärungsmodell und empirische Befunde. Würzburg/Boston: Deutscher Wissenschafts-Verlag.

Mürner, Christian/Sierck, Udo (2012): Behinderung. Chronik eines Jahrhunderts. Weinheim: Beltz Juventa.

Opielka, Michael (2006): Gemeinschaft in Gesellschaft. Soziologie nach Hegel und Parsons. 2. Aufl. Wiesbaden: VS Verlag.

Opielka, Michael/Peter, Sophie (2018): Zukunftsszenario Altenhilfe Schleswig-Holstein 2030/2045. Ergebnisbericht. ISÖ-Text 2018-1. Norderstedt: BoD.

Opielka, Michael/Peter, Sophie (2020): Zukunftslabor Schleswig-Holstein. Zukunftsszenarien und Reformszenarien. ISÖ-Text 2020-1. Norderstedt: BoD (i.E.).

Opielka, Michael/Wißkirchen, Magdalena (2019): Wie macht man Teilhabe? Inklusion durch den Umbau der Angebote gemeinsam verwirklichen. Zwischenbericht der Evaluation. ISÖ-Text 2019-3. Norderstedt: BoD.

Schröder, Jette (2015): Persönlich-mündliche Befragung. Mannheim, GESIS – Leibniz-Institut für Sozialwissenschaften (GESIS Survey Guidelines).

Sozialreferat Landeshauptstadt München (2014): Studie zur Arbeits- und Lebenssituation von Menschen mit Behinderungen in der Landeshauptstadt München. Endbericht Teil 2: Allgemeine Lebenssituation. Landeshauptstadt München: Sozialreferat, Amt für Soziale Sicherung.

Stockmann, Reinhold (Hrsg.) (2000): Evaluationsforschung. Wiesbaden: VS Verlag für Sozialwissenschaften.

Stockmann, Reinhard/Meyer, Wolfgang (2013). Functions, Methods and Concepts in Evaluation Research. Palgrave Macmillan. Im Internet unter: http://www.palgraveconnect.com/doifinder/10.1057/9781137012470

talentplus.de (2017): Definition Teilhabe. Im Internet unter: https://www.talentplus.de/lexikon/Lex-Teilhabe/

talentplus.de (2018): Definition Behinderung. Im Internet unter: https://www.talentplus.de/lexikon/Lex-Behinderung/

Thielsch, Meinald T./Weltzin, Simone (2009): Online-Befragungen in der Praxis. In: Brandenburg, T./Thielsch, M.t, (Hrsg.), Praxis der Wirtschaftspsychologie: Themen und Fallbeispiele für Studium und Praxis. Münster: MV Wissenschaft, S. 69-85.

Titscher, Stefan/Wodak, Ruth/Meyer, Michael/Vetter, Eva (1998): Methoden der Textanalyse. Leitfaden und Überblick. Opladen: Wiesbaden: Westdeutscher Verlag.

TMASGFF – Thüringer Ministerium für Arbeit, Soziales, Gesundheit, Frauen und Familie (2019): Thüringer Maßnahmenplan zur Umsetzung der UN-Behindertenrechtskonvention – Version 2.0. Erfurt.

Trescher, Hendrik (2018): Kognitive Beeinträchtigung und Barrierefreiheit. Eine Pilotstudie. Bad Heilbrunn: Julius Klinkhardt.

Viohl, Frank/Schmalenberg, Annika/Scheier, Elisabeth (2018): Machbarkeitsstudie ABiD – Institut Behinderung und Partizipation (IB&P). Praxisnahe Forschung – Forschungsnahe Praxis. Berlin: Allgemeiner Behindertenverband in Deutschland e.V.

Völter, Bettina (2008): Verstehende Arbeit. Zum Nutzen qualitativer Methoden für professionelle Praxis, Reflexion und Forschung. Forum Qualitative Sozialforschung, Vol. 9, No 1.

Wacker, Elisabeth (2019): Behinderung erfassen und Teilhabe messen. In: Aus Politik und Zeitgeschichte (Apuz), 6-7, S. 12-18.

Wacker, Elisabeth (2020): Mögliche Aufgaben der Teilhabeforschung aus Sicht der Soziologie. In Beyerlin, M./Dittmann, R./Gast-Schimank, C./Mattern, L./Rambausek-Haß, T. Stand und Entwicklung der Teilhabeforschung. Bericht vom 1. Kongress der Teilhabeforschung: Teil I. Fachbeitrag D2-2020.

Waldschmidt, Anne (2015): Grundlagen und Ziele der Teilhabeforschung. Lebenslage und Partizipation von Menschen mit Behinderungen. In: Sozialrecht + Praxis. Fachzeitschrift für Sozialpolitiker und Schwerbehindertenvertreter. 25. Jg., Nr. 11, S. 683-688.

Waldschmidt, Anne (2020): Jenseits der Modelle. Theoretische Ansätze in den Disability Studies. In: Brehme u.a., S. 56-73.

Wanner, Matthias/Hilger, Annaliesa/Westerkowski, Janina/Rose, Michael/Stelzer, Franziska/Schäpke, Niko (2018). Towards a Cyclical Concept of Real-World Laboratories: a Transdisciplinary Research Practice for Sustainability Transitions. DisP -The Planning Review, 54 (2).

Wagner, Pia/Hering, Linda (2014): Online-Befragung. In: Baur, Nina/Blasius, Jörg (Hrsg.). Handbuch Methoden der empirischen Sozialforschung. Wiesbaden: Springer, S. 661-673.

9 Autorinnen und Autoren

Magdalena Wißkirchen, B.A. (Junior Researcher, ISÖ – Institut für Sozialökologie)

Magdalena Wißkirchen arbeitet seit Juni 2018 im ISÖ – Institut für Sozialökologie als Junior Researcher. Sie hat im März 2018 ihren Bachelor of Arts der Sozialen Arbeit an der Ernst-Abbe Hochschule in Jena abgeschlossen. Sie widmete sich in ihrer Bachelorarbeit dem Themengebiet der nachhaltigen Entwicklung und deren Bedeutung für die Soziale Arbeit.

Philipp Herbrich, M.Sc. (Junior Researcher, ISÖ – Institut für Sozialökologie)

Philipp Herbrich arbeitet seit April 2019 im ISÖ – Institut für Sozialökologie als Junior Researcher. Er hat im März 2019 seinen Master in Sozialer Arbeit an der Ernst-Abbe-Hochschule in Jena abgeschlossen.

Timo Hutflesz, M.Sc. (Junior Researcher, ISÖ – Institut für Sozialökologie)

Timo Hutflesz arbeitet seit August 2019 im ISÖ – Institut für Sozialökologie als Junior-Researcher. Er hat im November 2018 seinen Master (M.Sc.) in Soziologie und Empirischer Sozialforschung an der Universität zu Köln abgeschlossen. Schwerpunkt des Masters war die quantitative Analyse von Daten in den Bereichen Bildung, Migration und Familie. Als Nebenfach belegte er Sozialpolitik mit dem Fokus auf der Entstehung und Entwicklung europäischer Sozialpolitik.

Prof. Dr. Michael Opielka (Wissenschaftlicher Leiter, ISÖ – Institut für Sozialökologie)

Prof. Opielka ist Wissenschaftlicher Leiter und Geschäftsführer des ISÖ – Institut für Sozialökologie in Siegburg und Professor für Sozialpolitik an der Ernst-Abbe-Hochschule Jena. 2012 bis 2016 leitete er zudem das IZT – Institut für Zukunftsstudien und Technologiebewertung in Berlin. 2015 Gastprofessor für Soziale Nachhaltigkeit an der Universität Leipzig. Visiting Scholar UC Berkeley (1990-1, 2005-6). Promotion (HU Berlin 1996) und Habilitation (Univ. Hamburg 2008) in Soziologie.

Sophie Peter, M.Sc. (Researcher, ISÖ – Institut für Sozialökologie)

Seit 2016 arbeitet Sophie Peter als Junior Researcher und seit Februar 2019 als Researcher im ISÖ – Institut für Sozialökologie. Seitdem ist sie in mehreren Projekten mit den Themenschwerpunkten Soziale Nachhaltigkeit und nachhaltige Entwicklung im gesellschaftlichen Mehrebenensystem beteiligt. Sie promoviert über „socio-cultural dynamics of Ecosystem Services" am Senckenberg BiK-F. Im Juni 2016 schloss sie ihren M.Sc. in Environmental Sciences, Policy and Management (MESPOM) ab.

10 Anhang

1. Mangelhafte Validität der Daten durch Überlastung der Befragten

2. Leitfaden für Experteninterviews

3. Fragebogen für Fachtage

4. Fragebogen Begehungsprotokoll

5. Fragebogen Online-Erhebung

ISÖ
Institut für
Sozialökologie

Abbildung 24: Mangelhafte Validität der Daten durch Überlastung der Befragten

20. Gibt es während dem Projekt mehr Angebote im Bereich Arbeit für Menschen mit Beeinträchtigung? (1=ja; 2=nein; 3=teils/teils; 99=weiß nicht)	21. Ihre Bedürfnisse zum Thema Arbeits-Form werden berücksichtigt. Zum Beispiel ob Sie an einem Außen-Arbeits-Platz arbeiten wollen. Oder ob Sie auf dem ersten Arbeits-Markt arbeiten wollen. (1=ja; 2=nein; 3=teils/teils; 99=weiß nicht)	22. Bei der Wahl von Ihrem Arbeits-Platz gibt es keine Hindernisse. Sie verstehen alle Informationen zu dem Arbeits-Platz. Und Sie kommen ohne Hindernisse zu Ihrem Arbeits-Platz. (1=ja; 2=nein; 3=teils/teils; 99=weiß nicht)	23. Sie kennen die unterschiedlichen Arbeits-Formen. Zum Beispiel dass es Außen-Arbeits-Plätze gibt. Oder dass es den ersten Arbeits-Markt gibt. (1=ja; 2=nein; 3=teils/teils; 99=weiß nicht)
99	2	1	xxx
xxx	xxx	xxx	xxx
xxx	xxx	2	2
2	xxx	xxx	xxx
3	xxx	xxx	xxx
xxx	xxx	xxx	xxx
xxx	xxx	xxx	xxx
1	1	1	1
1	3	3	3
xxx	xxx	xxx	xxx
xxx	xxx	xxx	xxx
1	1	1	1
1	1	2	1
99	99	99	1
99	99	99	99
3	3	3	1
xxx	xxx	xxx	xxx
xxx	xxx	xxx	xxx
xxx	xxx	xxx	xxx
xxx	xxxx	xxx	xxx
1	xxx	xxx	1
xxx	xxx	xxx	xxx
1	1	99	1
1	3	3	3
xxx	xxx	xxx	xxx
1	1	1	1
1	1	1	1
99	2	3	1
2	1	1	2
xxx	xxx	xxx	xxx
2	3	99	3
1	1	1	1
xxx	xxx	xxx	Rentner, Tagesstaette, CJD
......	....	......	......

Quelle: Eigene Darstellung

ISÖ
Institut für
Sozialökologie

Leitfaden für Experteninterviews

Evaluationskonzept für das Projekt „Wie macht man Teilhabe? – Inklusion durch Umbau der Angebote gemeinsam verwirklichen" der LIGA Thüringen

Leitfaden für Experteninterviews zur Indikatorenbildung für die Wirkungsanalyse

Herzlichen Dank, dass Sie sich heute die Zeit für ein Interview nehmen.

Finanziert von der Aktion Mensch Stiftung wird das ISÖ – Institut für Sozialökologie bis zum Jahr 2020 das Projekt der LIGA Thüringen evaluieren. Es hat vor allem das Ziel, Menschen mit Behinderungen ihre Wahlmöglichkeiten für eine individuelle Lebensgestaltung aufzuzeigen. Durch konsequente Partizipation und Personenzentrierung sollen sie gestärkt und befähigt werden, notwendige Veränderungsprozesse der Eingliederungshilfe aktiv mitzugestalten.

Ein weiteres Ziel des Projekts ist es, klassische Angebote der bisher stationären und teilstationären Eingliederungshilfe gemeinsam mit Leistungsträgern, Leistungserbringern und weiteren Akteuren in personenzentrierte ambulante Angebote weiterzuentwickeln und diesen Prozess transparent darzustellen. Hierbei stehen Fragen der Konzept-, Organisations- und Personalentwicklung sowie der Entwicklung neuer Vergütungsstrukturen im Zentrum der Betrachtung.

Weitere Informationen zum Projekt finden Sie unter: http://www.isoe.org/projekte/laufende-projekte/evaluationskonzept-wie-macht-man-teilhabe-inklusion-durch-umbau-der-angebote-gemeinsam-verwirklichen/

Der Leitfaden dieses Interviews basiert auf vorab festgelegten Themenfeldern und ich stelle Ihnen pro Themenfeld mehrere Fragen. Das Expertengespräch[1] hat zum Ziel, ein Set an Indikatoren für die Evaluation des Projekts zu entwickeln. Somit ist der Fragebogen die Vorrunde zur Fachkräfte- und Multiplikatorenbefragung, um feststellen zu können, was im Projektverlauf abgefragt werden muss, um eine ganzheitliche Wirkungsanalyse durchführen zu können.

Vorab noch eine wichtige Frage: Darf ich das Interview aufzeichnen, um es später zu transkribieren? Die Aufnahme wird danach gelöscht. Der Interviewinhalt bleibt vertraulich und wird nur anonymisiert verwendet.

Inklusion & Eingliederungshilfe

1. Ganz allgemein: Was bedeutet für Sie persönlich Inklusion?

2. Wie bewerten Sie die klassischen Angebote der bisher stationären und teilstationären Eingliederungshilfe? Können Sie mir den momentanen IST-Zustand aus Ihrer Perspektive beschreiben?

3. In welchen Bereichen müssen diese klassischen Angebote weiterentwickelt werden, damit die Bedürfnisse der Menschen mit besonderer Begabung erfüllt werden?

4. Ist Ihnen das vorangegangene Projekt „Wie misst man Teilhabe in die Eingliederungshilfe?" bekannt?

„Mitgestaltung von Menschen mit Behinderungen"

5. Unsere primäre Zielgruppe sind Menschen mit psychischen, geistigen und/oder körperlichen Behinderungen. Was muss ganz allgemein passieren, dass eine aktive Mitgestaltung der Eingliederungshilfe erzielt wird?

6. Welche Faktoren und Akteure müssen dabei berücksichtigt werden? (Menschen mit besonderer Begabung, Angehörige/Betreuer, Mitarbeitende etc.)

7. Welche Themenbereiche müssen in diesem Projekt Ihrer Meinung nach auf jeden Fall untersucht werden, da dort die Einbindung besonders wichtig ist? (z.B. Wohnen, Arbeit etc.)

8. Welche Risiken und Grenzen der Einbindung sehen Sie?

9. Wo ist ihrer Meinung nach keine Einbindung möglich? (z.B. Bau, Finanzierung, Prozesse, Qualität etc.)

„Institutionelle/ organisatorische Veränderungen"

10. Welche Änderungsbedarfe/Entwicklungsbedarfe der Institutionen sehen und erwarten Sie?

11. Was erwarten Sie konkret von der Führungsebene/ den Fachkräften/ den Trägern/ den Multiplikatoren[2] im Prozess hin zu personenzentrierten ambulanten Angeboten?

12. Abschließend, können Sie mir die für Sie persönlich wesentlichen Chancen und Barrieren hin zu personenzentrierten ambulanten Angeboten noch einmal nennen?

13. Was erwarten Sie von den einzelnen Veranstaltungen dieses Projekts?

14. Welche Wirkung erhoffen Sie sich während und nach Abschluss des Projekts?

15. Welchen Beitrag kann dieses Projekt zur Umsetzung des BTHG bringen?

Vielen Dank!

---

[2] wie TMASGFF, kommunale Spitzenverbände und regionalen Leistungsträgern

Fragebogen für Fachtage

  LIGA der Freien Wohlfahrtspflege in Thüringen e. V.

Gefördert durch die

Frage-Bogen

Wir haben einige Fragen zur Veranstaltung aufgeschrieben.

Bitte füllen Sie diese Fragen aus.

Sie helfen uns dabei,

dass wir den nächsten Fach-Tag noch besser machen können.

Wenn Sie Hilfe brauchen,

fragen Sie uns bitte.

Wir helfen gerne.

Zu vielen Fragen gibt es in einem Kasten Beispiele.

Allgemeine Fragen

Bitte kreuzen Sie nur eine Antwort an.

Wenn Sie etwas ergänzen möchten,

weil Ihnen zum Beispiel etwas nicht gefallen hat,

schreiben Sie dies gern neben oder unter die jeweilige Frage.

1. Wie alt sind Sie?

_____

2. Sind Sie eine Frau oder ein Mann?

Frau ☐   Mann ☐

ISÖ
Institut für
Sozialökologie

3. Haben Sie alles verstanden?

Ja ☐   teils / teils ☐   nein ☐   weiß nicht ☐

Zum Beispiel:

War der Redner laut genug?

Hat jemand zu schwere Wörter benutzt?

Konnten Sie alles gut erkennen?

---

4. Konnten Sie sich äußern?

Ja ☐   teils / teils ☐   nein ☐   weiß nicht ☐

Zum Beispiel:

Konnten Sie alles sagen,
was Ihnen wichtig war?

Konnten Sie fragen,
wenn Sie etwas nicht verstanden haben?

---

5. War die Veranstaltung gut organisiert?

Ja ☐   teils / teils ☐   nein ☐   weiß nicht ☐

Zum Beispiel:

Konnten Sie sich gut zurecht finden?

War das Essen gut?

War der Ablauf klar?

Seite **2** von **6**

6. War die Veranstaltung barriere-frei?

Ja ☐   teils / teils ☐   nein ☐   weiß nicht ☐

> **Zum Beispiel:**
>
> Konnte man mit einem Rollstuhl überall hinkommen?
>
> Gab es genug Informationen in Leichter Sprache?

---

7. Haben Themen gefehlt?

Ja ☐   teils / teils ☐   nein ☐   weiß nicht ☐

> **Zum Beispiel:**
>
> Hätten Sie gerne über weitere Themen reden wollen?
>
> Hätten wir einen anderen Redner organisieren sollen?

---

8. Hat Ihnen die Veranstaltung gefallen?

Ja ☐   teils / teils ☐   nein ☐   weiß nicht ☐

> **Zum Beispiel:**
>
> War das Thema interessant?
>
> War das Essen gut?
>
> Waren die Organisatoren freundlich?

Seite **3** von **6**

144

ISÖ
Institut für
Sozialökologie

9. Gab es zu der Veranstaltung genügend Informationen in Leichter Sprache?

Ja ☐   teils / teils ☐   nein ☐   weiß nicht ☐

Zum Beispiel:

Gibt es alles Geschriebene auch in Leichter Sprache?

Benutzen die Redner keine Wörter in einer anderen Sprache?

Gibt es die „rote Karte" für Leichte Sprache?

10. Konnten Sie sagen, dass Sie besondere Hilfe brauchen?

Ja ☐   teils / teils ☐   nein ☐   weiß nicht ☐

Zum Beispiel:

Hat man Sie gefragt

oder konnten Sie aufschreiben,

dass Sie einen Assistenten brauchen?

Oder einen Gebärden-Sprach-Dolmetscher?

11. Konnten Sie aktiv bei der Veranstaltung mitmachen?

Ja ☐   teils / teils ☐   nein ☐   weiß nicht ☐

Zum Beispiel:

Konnten Sie mitmachen?

Hatten Sie das Gefühl,

dass Sie die Veranstaltung mitgestalten konnten?

Seite **4** von **6**

**12. Was hätte es leichter gemacht,
bei der Veranstaltung mitzumachen?**

Bitte schreiben Sie das hier auf:_____

_____

_____

> Vielleicht haben wir etwas vergessen.
> Schreiben Sie das bitte auf.

**13. Wenn Sie bei einer Frage <u>teils / teils</u> oder <u>nein</u> angekreuzt haben,
schreiben Sie hier bitte auf warum:**

_____

_____

_____

_____

_____

> Wir möchten die Veranstaltung besser machen.
> Deshalb wollen wir wissen,
> was Sie nicht so gut fanden.

Seite **5** von **6**

146

ISÖ
Institut für
Sozialökologie

Vielen Dank,

dass Sie diesen Frage-Bogen ausgefüllt haben!

Damit haben Sie uns sehr geholfen.

Der Text in Leichter Sprache ist von:

Der Text ist erstellt und geprüft vom

Büro für Leichte Sprache im CJD Erfurt.

Große Ackerhofsgasse 15

99084 Erfurt

Telefon: 03 61 – 65 88 66 87

leichte-sprache@cjd-erfurt.de

www.büro-für-leichte-sprache.de

Die Bilder sind von:

© Lebenshilfe für Menschen mit geistiger Behinderung Bremen e.V.,

Illustrator Stefan Albers, Atelier Fleetinsel, 2013

Fragebogen Begehungsprotokoll

Evaluationsbogen für das LIGA-Projektbüro
zur Wirkungsanalyse
in den Modellträgern

Ausfüllende(r) MitarbeiterIn des LIGA-Projektbüros (Name)

Datum

Uhrzeit
(von - bis)

Besuchter Modellträger

○ Bodelschwingh-Hof (Landkreis Gotha)
○ CJD Erfurt
○ Lebenshilfe-Werk Weimar/Apolda e.V.
○ Andere

Anwesende Personen und deren Arbeitsbereiche

Anlass des Besuchs

• •

1.   Wie schätzen Sie die gegenwärtigen Angebote des Modellträgers allgemein ein: Erfüllen sie die Bedürfnisse der Menschen mit Behinderung?

○ Die Angebote erfüllen die Bedürfnisse der Menschen mit Behinderung voll und ganz
○ 2
○ 3
○ 4
○ Die Angebote erfüllen die Bedürfnisse der Menschen mit Behinderung gar nicht
○ Ich weiß nicht

1.1 Hier können Sie ihre Antwort kurz kommentieren (z.B. Sie erkennen eine Entwicklung, eine Eingrenzung der Angebote auf einen bestimmten Teil der primären Zielgruppe, etc.)

2. Wenn Sie den Umbau zu personenzentrierten ambulanten Angeboten genauer betrachten, welche Akteure spielen dabei aktuell welche Rolle?

	Eine sehr wichtige Rolle (1)	2	3	4	Gar keine wichtige Rolle (5)	Ich weiß nicht
Leitung	O	O	O	O	O	O
Mitarbeitende	O	O	O	O	O	O
Angehörige/ Betreuer	O	O	O	O	O	O
Menschen mit besonderer Begabung	O	O	O	O	O	O
Akteure im Sozialraum (z.B. Vermieter)	O	O	O	O	O	O
Multiplikatoren (wie TMASGFF, kommunale Spitzenverbände und regionalen Leistungsträgern)	O	O	O	O	O	O
Alle beteiligten Akteure im Rahmen der Eingliederungshilfe in Thühringen	O	O	O	O	O	O

ISÖ
Institut für
Sozialökologie

3. In welchen Themenkomplexen ist die Einbindung von Menschen mit Behinderung bei dem Modellträger momentan möglich, in welchen nicht?

	Sehr gut möglich (1)	2	3	4	Gar nicht möglich (5)	Ich weiß nicht
Wohnsituation	O	O	O	O	O	O
Arbeit	O	O	O	O	O	O
Bau	O	O	O	O	O	O
Finanzierung	O	O	O	O	O	O
Prozesse in der Institution (Organisations-entwicklung / Ver-änderungsprozesse)	O	O	O	O	O	O
Qualitätsmanagement (damit sind laufende Prozesse gemeint, z.B. Zertifizierungen, Prozessbeschreibung usf.)	O	O	O	O	O	O
Konzeptentwicklung zu mehr Teilhabe	O	O	O	O	O	O

3.1 Hier haben Sie Platz, Ihre Antworten kurz zu kommentieren:

4. Welche Risiken und Grenzen der Einbindung von Menschen mit Behinderungen werden im Augenblick bei dem Modellträger wahrgenommen?

ISÖ
Institut für
Sozialökologie

5. Werden die gerade genannten Risiken und Grenzen der Einbindung gegenwärtig angegangen und versucht zu bewältigen?

○ Ja
○ Nein
○ Ich weiß nicht

5.1   Hier haben Sie Platz, Ihre Antwort kurz zu kommentieren:

6. Welche Änderungsbedarfe/ Entwicklungsbedarfe des Modellträgers (Mitarbeitende, aber auch Führung) in welchem Bereich sehen und erwarten Sie, auch im Vergleich zu Ihrem letzten Besuch?

☐ Konzeptentwicklung
☐ Organisations-Entwicklung
☐ Personalentwicklung

6.1   Hier haben Sie Platz, Ihre Antwort kurz zu kommentieren:

7. Abschließend, stimmen Sie der Aussage zu: Der Modellträger ist meiner Meinung nach auf dem richtigen Weg hin zu mehr Inklusion/ hin zu personenzentrierten ambulanten Angeboten.

○ Ich stimme voll zu
○ Ich stimme eher zu
○ Teils / teils
○ Ich stimme eher nicht zu
○ Ich stimme überhaupt nicht zu
○ Ich weiß nicht

7.1   Hier haben Sie Platz, Ihre Antwort kurz zu kommentieren:

8.   Sehen die Akteure in dem Modellträger momentan, dass das Projekt einen Beitrag zur Umsetzung des BTHG leistet?

O Ja
O Nein
O Ich weiß nicht

8.1 Begründung:

```



```

9. Hier ist Platz für weitere Notizen/Anmerkungen:

```



```

Vielen Dank!

Ausfüllhilfe:

Bei Unklarheiten sprechen Sie bitte das Team des ISÖ an (info@isoe.org)!

ISÖ
Institut für
Sozialökologie

Fragebogen Online-Erhebung

Haben Sie Fragen oder Anmerkungen zum Aufbau dieses Fragebogens?

Dann wenden Sie sich mit Ihrer Rückmeldung gerne an magdalena.wisskirchen@isoe.org.

Evaluation des Modellprojekts

„Wie macht man Teilhabe?"

Modul 2 – Komponente 1

Online Befragung von Fachkräften und Multiplikatoren

Zielgruppe: Mitarbeiter*innen, Funktionäre, Angehörige,

Beantwortungsdauer: ca. 10 Minuten

Einsatz / Frequenz des Fragebogens: jährlich

Verwendetes Programm: typeform.

Angestrebte Teilnehmerzahl: insgesamt 300 Personen

Vortext / Einleitung:

Dieser Online Fragebogen ist Bestandteil der Begleitevaluation des 2017 gestarteten Modellprojekts „Wie macht man Teilhabe?" der LIGA der freien Wohlfahrtsverbände Thüringen, gefördert durch die Stiftung Aktion Mensch.

Das Projekt verfolgt das Ziel, Menschen mit Behinderungen aktiv in Veränderungsprozesse einzubinden, ihnen mehr Optionen für ein selbstbestimmtes Leben aufzuzeigen und gemeinsam mit den Modellträgern inklusivere Lebens-, Wohn- und Arbeitsmöglichkeiten zu entwickeln oder im Sozialraum zu eröffnen. Das Projekt endet im Juni 2020.

Grundlegendes Ziel dieser Weiterentwicklungen im Bereich des Teilhaberechtes (v.a. Bundesteilhabegesetz BThG) ist die Umwandlung der stationären Betreuungseinrichtungen in ambulant strukturierte Leistungsangebote für Menschen mit Beeinträchtigung. Dies fordert eine Abkehr von dem Prinzip „alle Leistungen aus einer Hand" und will dadurch eine erhöhte selbstständige Angebotswahl sichern. Durch diese „Ambulantisierung" und weitere Maßnahmen soll eine personenzentrierten Hilfeleistung (Hilfe, welche ausgehend von der Lebenssituation und Fertigkeiten der einzelnen Person erbracht wird) erreicht werden. Gesteigerte Wahlmöglichkeiten und insbesondere ein neues Verständnis des Behinderungsbegriffes im SGB IX sollen zu Selbstbestimmung und einer neuen Stellung der Menschen mit Beeinträchtigung in unserer Gesellschaft beitragen.

Das Modellprojekt „Wie macht man Teilhabe?" fragt nach Wegen der Ermöglichung dieser Ziele. Die Ambulantisierung wird hierbei als wesentliches Mittel zur Zielerreichung erhöhter Partizipation eingesetzt.

Unter dem Begriff der Partizipation bzw. der Teilhabe wird im Folgenden das Recht aller Menschen verstanden, am gesellschaftlichen Leben gleichberechtigt teilzunehmen, sich zu beteiligen, einbezogen zu werden, mitwirken und mitbestimmen zu können.

Im Rahmen dieses Projekt übernimmt das ISÖ - Institut für Sozialökologie den Auftrag der Evaluation. Grundsätzliches Ziel hierbei ist es zu erfahren, wie das Projekt in seinen unterschiedlichen Entwicklungsphasen und Ergebnissen wahrgenommen und bewertet wird.

1

ISÖ
Institut für
Sozialökologie

Entwurf Online Fragebogen

Allgemeine Fragen:

1. Wie alt sind Sie? ___

2. Sie beantworten diese Fragen als:

        o Mann   o Frau   o Sonstiges / Divers

3. Sie beantworten diese Fragen in der Rolle einer*eines: [Mehrfach Antwort möglich]

    o Mitarbeiters*in einer Einrichtung für Menschen mit Beeinträchtigung
    o Menschen mit Beeinträchtigung
    o Assistenten*in
    o Angehörigen*r eines Menschen mit Beeinträchtigung
    o Tätigen*r im politischen Bereich oder Verwaltung
    o Sonstiges _____

Allgemeine Frage zum Partizipationsverständnis:

4. Was kennzeichnet für Sie eine gelungene Partizipation / Teilhabe von Menschen mit Beeinträchtigung?

_____

_____

_____

Aktuelle Beteiligungs-, Teilhabe- und Selbstbestimmungsmöglichkeiten der Menschen mit Beeinträchtigung

5. Wie bewerten Sie die aktuellen Möglichkeiten zur Teilhabe für Menschen mit Beeinträchtigung?

gut	eher gut	Teils/teils	eher schlecht	schlecht	Weiß nicht

2

ISÖ
Institut für
Sozialökologie

6. Können Menschen mit Beeinträchtigung selbstbestimmt ihre Unterstützungsmaßnahmen auswählen?

ja	eher ja	Teils/teils	eher nein	nein	Weiß nicht

7. Was vor allem behindert Ihrer Meinung nach die Teilhabe und Selbstbestimmung von Menschen mit Beeinträchtigung?

_____

_____

_____

Fragen zum Erfolgsversprechen des Projekts:

8. Erhöhen sich durch das Modellprojekt, und die damit vollzogene Ambulantisierung, die Chancen auf eine gelungene Teilhabe der Menschen mit Beeinträchtigung?

ja	eher ja	Teils/teils	eher nein	nein	Weiß nicht

9. Wird Ihrer Meinung nach während des Umbauprozesses innerhalb der Modelleinrichtungen auf die individuellen Bedürfnisse der Bewohner eingegangen?

ja	eher ja	Teils/teils	eher nein	nein	Weiß nicht

10. Wo könnten Ihrer Ansicht nach bei der Umsetzung der Selbstbestimmungsforderungen des BTHGs Schwierigkeiten auftreten?

_____

_____

_____

11. Haben Sie Befürchtungen, dass einzelne Personengruppen in diesem Prozess übergangen werden könnten?

ja	eher ja	Teils/teils	eher nein	nein	Weiß nicht

11a. <u>Wenn ja</u>, welche?

_____

_____

3

12. Schätzen Sie den Informationsaustausch während des Projekts als offen und transparent ein?

ja	eher ja	Teils/teils	eher nein	nein	Weiß nicht

Einbindung von Fachkräften und Multiplikatoren in den Ambulantisierungsprozess:

13. Werden Sie in den Prozess der Weiterentwicklung der Modelleinrichtungen aktiv einbezogen?

ja	eher ja	Teils/teils	eher nein	nein	Weiß nicht

14. Können Sie Ihre Anregungen und Bedenken äußern und so die Entwicklung der Modelleinrichtungen mitbestimmen?

ja	eher ja	Teils/teils	eher nein	nein	Weiß nicht

14a. Hier können Sie uns eine oder mehrere konkrete Erfahrungen dazu nennen:

_____

_____

_____

Fragen zu den Informationsveranstaltungen für Menschen mit Beeinträchtigung

15. Haben Sie den Eindruck, dass die Fachtage zu den Themengebieten Wohnen, Arbeit und Freizeit einen Mehrwert für Menschen mit Beeinträchtigung darstellen?

ja	eher ja	Teils/teils	eher nein	nein	Weiß nicht

16. Haben Sie den Eindruck, dass die Fachtage bei Menschen mit Beeinträchtigung zu einer Erhöhung des Kenntnisstands über ihre eigenen Möglichkeiten und Rechte beitragen?

ja	eher ja	Teils/teils	eher nein	nein	Weiß nicht

4

Notwendige Veränderungsprozesse zur Zielerreichung:

17. Die zur Umsetzung des BTHGs notwendigen Veränderungen in der Konzeptentwicklung, Organisationsentwicklung und Personalentwicklung finden während dem Projekt statt.

Konzeptentwicklung

ja	eher ja	Teils/teils	eher nein	nein	Weiß nicht

Organisationsentwicklung

ja	eher ja	Teils/teils	eher nein	nein	Weiß nicht

Personalentwicklung

ja	eher ja	Teils/teils	eher nein	nein	Weiß nicht

18. Wo ist Ihrer Auffassung nach im Sozialraum noch Handlungsbedarf für Kooperation und Angebotsvermittlung in den Lebensbereichen Wohnen, Freizeit und Arbeit?

_____

_____

Frage zur Lage der politischen Vertretung:

19. Sehen Sie die Bedürfnisse, Rechte und Wünsche von Menschen mit Beeinträchtigung politisch gut vertreten?

ja	eher ja	Teils/teils	eher nein	nein	Weiß nicht

Rückfrage:

20. Haben Sie das Gefühl, dass in diesen Prozessen (Umsetzung BTHG, Ambulantisierung der Modelleinrichtungen) die Rechte und Bedürfnisse von Menschen mit Beeinträchtigung neu geordnet und wahr- bzw. ernstgenommen werden?

ja	eher ja	Teils/teils	eher nein	nein	Weiß nicht

20a. <u>Wenn nein</u>, was fehlt?

_____

_____

5

Grad der gelungenen Teilhabe:

21. Wie sehr haben die Maßnahmen der Ambulantisierung Ihrer Meinung nach zu einer Steigerung der Partizipation in den letzten fünf Jahren beigetragen?

sehr	etwas	Teils/teils	eher nicht	gar nicht	Weiß nicht

22. Haben Menschen mit Beeinträchtigung ihrer Ansicht nach, nach der Beendigung des Ambulantisierungsprozesses, ausreichend Möglichkeiten ihre persönlichen Vorstellungen eines gelingenden Lebens zu realisieren?

ja	eher ja	Teils/teils	eher nein	nein	Weiß nicht

22a. <u>Wenn nein</u>, in welchen Bereichen ist dies nach wie vor nicht möglich und weshalb?

_____

_____

_____

Frage zur Bedeutung der Angehörige im Prozess der Umgestaltung und des Prozesses für die Angehörigen selbst:

23. Denken Sie, dass Angehörige sich gut in die Bedürfnisse und Wünsche der Menschen mit Beeinträchtigung einfühlen und so zu ihrer Selbstbestimmung beitragen können?

ja	eher ja	Teils/teils	eher nein	nein	Weiß nicht

23a. <u>Wenn nein</u>, weshalb nicht?

_____

_____

24. Trägt diese Umstrukturierung der Hilfeleistungen für Menschen mit Beeinträchtigung eher zu einer Erhöhung der Autonomie der Angehörigen oder zu ihrer erhöhten Belastung bei?

Erhöhte Belastung	eher Belastung	Teils/teils	eher Autonomie	Autonomiegewinnung	Weiß nicht

6

ISÖ
Institut für
Sozialökologie

Abschluss: Bedürfnisse und Sorgen:

25. Haben Sie noch Anregungen, Befürchtungen oder Sorgen, die Sie uns zu dieser Thematik noch gerne mitgeben möchten?

_____

_____

_____

Vielen Dank für Ihre Beteiligung!

7

Impressum

ISÖ – Institut für Sozialökologie gemeinnützige GmbH

Tel.: +49 (0) 2241 1457073

Fax: +49 (0) 2241 1457039

Ringstraße 8

53721 Siegburg

Wissenschaftlicher Leiter und Geschäftsführer

Prof. Dr. habil. Michael Opielka

Förder- und Trägerverein

Sozialökologische Gesellschaft e.V. (gemeinnützig) - gegründet 1987

Mitgliedschaften

Mitglied der Arbeitsgemeinschaft Sozialwissenschaftlicher Institute e.V. (ASI)

Mitglied im Deutschen Verein für öffentliche und private Fürsorge e.V.

www.isoe.org

ISÖ
Institut für
Sozialökologie